Eva Maria Kuß

Das große Buch der
Seidenmalerei

Eva Maria Kuß

Das große Buch der Seidenmalerei

- Schritt-für-Schritt-Anleitungen
- Leichte und schnelle Techniken
- Ideen für viele modische Zwecke

Augustus Verlag

Inhalt

Vorwort

Liebe Leserin,

malen Sie zum ersten Mal oder schon seit Jahren auf Seide? Benutzen Sie Bügelfarben oder dampffixierbare Produkte? Mögen Sie abstrakte Muster oder gegenständliche Motive? Soll die Malerei schnell fertig sein oder vertiefen Sie sich gern in liebenswerte Details?

Egal zu welcher Gruppe Sie sich zählen: Dieser Band bietet Ihnen die ganze farbenprächtige Palette an Maltechniken und Anwendungen der Seidenmalerei. Aus unseren erfolgreichsten Seidenmalbüchern haben wir für Sie einen umfassenden Sammelband zusammengestellt, der auch für den kleinen Geldbeutel erschwinglich ist.

In der Einführung finden Sie neben aktuellen Empfehlungen für Ihr Grundsortiment an Farben, Seiden und Zubehör auch genaue Schritt-für-Schritt-Anleitungen zu den grundlegenden Techniken. Wir zeigen Ihnen, wie man die Seide richtig auf einen Holzrahmen spannt. Aber auch, welche zusätzlichen Möglichkeiten das Malen auf Folie oder Glasplatte eröffnet.

Und warum sollte man ausschließlich mit dem Pinsel malen? Staunen Sie, welche Effekte Sie mit Schwamm und Pipette erzielen: Im Kapitel „Seidenmalen ohne Rahmen" finden Sie Anleitungen für tolles Seidendesign mit wenig Aufwand. Alles ist so einfach, daß auch Kinder gern mitmalen.

Was man alles mit Bügelfarben und den neuen Glanz- und Glitterfarben machen kann, erfahren Sie in den beiden folgenden Kapiteln, in denen wir Ihnen „pfiffige Ideen" und ungewöhnliche Techniken vorstellen.

Einen Leckerbissen für alle, die Jugendstilornamente lieben, bietet das „Malen auf der Glasplatte", gefolgt von einem Kapitel mit stimmungsvollem „Dekor für Ostern und Weihnachten".

Damit Ihre Malereien genauso schön werden wie auf den vielen Farbfotos gezeigt, gibt's in Text und Anhang Vorlagen-Zeichnungen, oft in Originalgröße. Einfach abpausen oder fotokopieren, und schon können Sie loslegen.

Wenn Sie nach bestimmten Themen suchen, führt Sie das ausführliche Register schnell zu Tüchern, Krawatten, Kissen, Bildern und, und, und...

Wählen Sie aus, worauf Sie gerade am meisten Lust haben. Viel Freude beim Malen wünscht Ihnen

Was Sie zum Seidenmalen brauchen

Farben, Seiden, Pinsel, Rahmen...
Das Angebot ist riesig und mitunter verwirrend.
Dieses Kapitel nennt Ihnen die wichtigsten
Dinge für eine sinnvolle Grundausstattung.
Dazu gibt's einen kurzen Überblick
zu den Grundtechniken der Seidenmalerei.

7

Ihre Grundausstattung

Farben

Bügelfarben, dampffixierbare Farben und Reaktivfarben:

Dies sind die drei Hauptgruppen, die sich hinsichtlich ihrer Fixierungstechnik unterscheiden.

Bügelfarben bestehen im wesentlichen aus Pigmenten, Wasser als Lösungsmittel sowie Bindemittel: einer Art Kleber, der die Farbe durch die trockene Hitze des Bügelns auf der Seide fixiert. Mit einem Haarfön lassen sich die Farben zusätzlich vorfixieren. Diese schnelle Fixiermethode, dazu das einfache Verdünnen mit Wasser und die gute Lichtechtheit sind die drei wichtigsten Pluspunkte dieser Farben.

Die Nachteile: Da die Bügelfarben keine echte chemische Verbindung mit dem Stoff eingehen, sondern sozusagen nur daraufgeklebt werden, sind sie nicht sehr reibecht. Sie machen die Seide steifer und stumpfer. Auswaschtechniken mit Alkohol oder Wasser funktionieren mit diesen Fabrikaten nur, solange die Farbe feucht ist.

Trotzdem eignen sich Bügelfarben gut für Einsteiger, die »erst mal probieren« wollen. Doch auch Profis verschmähen sie nicht, vor allem bei Seidenrohlingen (Regenschirmen, Haarreifen usw.). Für manche

Drucktechniken eignen sich Bügelfarben sogar besser als die anderen beiden Farbgruppen. Neu entwickelte Bügelfarben haben teilweise die Schwächen der Pionierprodukte behoben.

Durch unübertroffene Farbbrillanz zeichnen sich die klassischen **Dampffixierfarben** aus (auch französische Farben genannt). Mit diesen Farben, die auf Wasser- oder Alkoholgrundlage hergestellt sind, lassen sich sämtliche Maltechniken optimal realisieren. Denn solange noch nicht in heißem Wasserdampf fixiert wurde, kann die angetrocknete Malerei mit anderen Farben, Wasser oder Alkohol wieder angelöst und weiterbearbeitet werden.

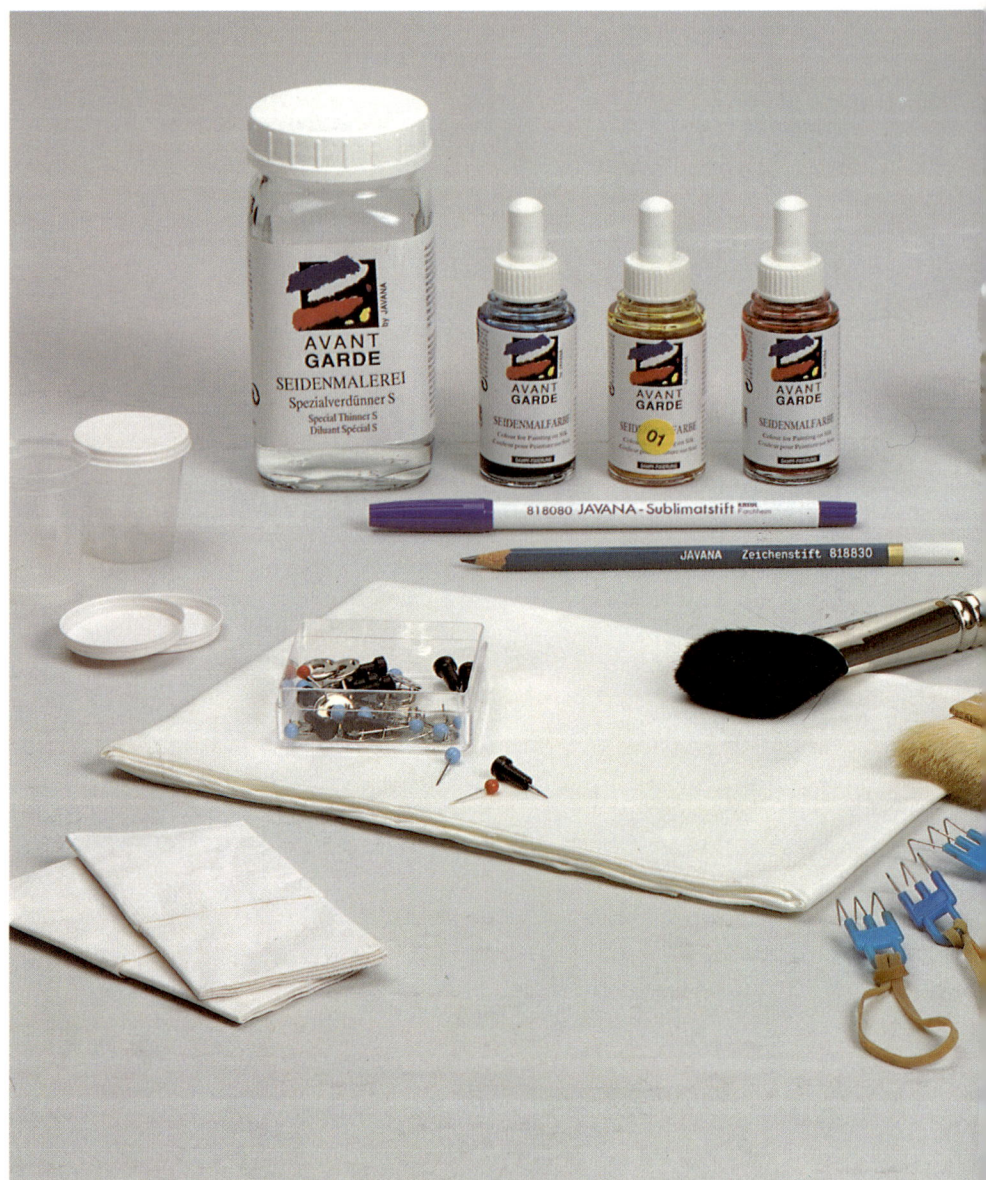

So könnte Ihre Grundausstattung aussehen: Seidenmalfarben, Verdünner (nicht bei Bügelfarben), Gutta, Gutta-Liner, Wasserglas, kleine Gefäße zum Farbenmischen, Phantom- und Bleistift, Pinsel, Papiertaschentücher, Spannkrallen/Pin-Nadeln oder Dreizackstifte sowie ein Malrahmen (nicht im Bild)

Weicher Griff und Glanz der Seide bleiben erhalten. Die meisten Werke dieses Buches sind mit Dampffixierfarben gemalt; Profis schwören auf sie.

Ein Wort noch zum Fixieren: Von der Do-it-yourself-Methode im Schnellkochtopf rate ich ab. Ein einziger Wassertropfen kann die ganze Malerei verderben, und das Ganze kostet Sie drei bis vier Stunden Strom. Mittlerweile gibt es in fast überall in Hobbyläden, bei Seidenkünstlerinnen und im Ver-

sandhandel preisgünstige Fixierdienste. Ein professionelles Fixiergerät ist für knapp dreihundert Mark zu haben – eine Ausgabe, die sich bei fleißigen Malerinnen (vielleicht tun sich mehrere zusammen) mitunter lohnt.

Die dritte große Farbgruppe bilden die **Reaktivfarben.** Sie können nach dem Malen und Trocknen mit einem zähflüssigen Fixiermittel eingestrichen werden (Flüssigfixierung). Nach einer Einwirkzeit von etwa eineinhalb Stunden wäscht man das Mittel wieder heraus – die Malerei ist fixiert. Dieses Verfahren ist bei kleineren Stücken sinnvoll und praktisch; bei größeren Formaten und dickeren Seiden empfiehlt sich das Dampffixieren, das bei den Reaktivfarben genauso möglich ist. Bei der Flüssigfixie-

Dampffixierbare Farben diverser Hersteller. In der Regel sind verschiedene Marken des gleichen Farbtyps untereinander mischbar, so daß Sie ihr Sortiment nach Lust und Laune aus dem Angebot mehrerer Firmen zusammenstellen können.

rung gehen Aquarell- und Salzeffekte häufig verloren.

Neben diesen drei Haupttypen gibt es noch weitere; unter anderem Farben, denen vor dem Bemalen ein Aktivator zugefügt wird, so daß sie sich an der Luft fixieren. Interessante Effekte lassen sich mit **Glitzer- und Plusterfarben** erzielen. Und natürlich kommen immer neue Produkt auf den Markt, die noch mehr Komfort versprechen.

9

Auch wenn Sie »auf Dampf« umsteigen wollen, müssen Sie Ihre alten Bügelfarben nicht wegwerfen! Auch diese Farben lassen sich dampffixieren. Verdünnen Sie sie mal mit Alkohol – die Farben werden viel leuchtender. Wo Sie allerdings aufpassen müssen: Nicht jedes Konturenmittel für Bügelfarben verträgt das Dampffixieren – aber dazu gleich mehr.

Mit Seidenfarben können Sie auch Stoffe aus Baumwolle und Wolle bemalen.

Wieviele Farben Sie brauchen...
Nur drei bis vier Grundfarben oder eine riesige Palette an Mischtönen kaufen? Das ist selbst unter Profis Geschmackssache.
Die Minimalaustattung, mit denen Sie fast alle Nuancen mischen können, besteht aus: einem klaren, hellen Gelb (ohne Rotstich!), reinem Cyan-Blau (fast Türkis) und Magenta-Rot (fast Pink), dazu Schwarz zum Abtönen. Jede Firma hat ihre eigenen Grundfarben, lassen Sie sich im Handel beraten. Nun ist das Farbenmischen nicht jedermanns Sache. Wenn Sie lieber sofort losmalen, sind fertig gemischte Töne praktisch. Außerdem ist es schwierig, die ausreichende Farbmenge für große Flächen zu kalkulieren; genau den gleichen Ton bekommt man nie wieder hin. Und man kann eben doch nicht alle Farben optimal ermischen – denken Sie nur an ein leuchtendes Ultramarinblau! Mein Rat: Gönnen Sie sich zusätzlich zu den oben genannten Grundfarben ein paar Flaschen mit Ihren Lieblings- und Modefarben.

Die Farbe Weiß wird zwar von einigen Herstellern als »Aufsetzfarbe« angeboten. Doch gibt es bei den echten Seidenfarben kein Weiß. Hier lassen Sie – genau wie beim Aquarell – das Weiß des Untergrundes, also der Seide, frei. Wol-

Die Grundfarben von links nach rechts: Gelb, Magenta und Cyan

len Sie zarte Pastelltöne erzielen, verdünnen Sie Ihre Farbe mit Alkohol, Wasser oder speziellen Verdünnern (Diluants).

Konturenmittel (Gutta)

Was das Wachs für die Batik, ist Gutta für die Seidenmalerei. Das honigzähe Trennmittel stoppt den Farbfluß, so daß damit Linien oder ganze Flächen reserviert werden können. Nach dem Fixieren wird Gutta im allgemeinen wieder entfernt, die Seide erhält wieder den weichen Griff. Es gibt wasserlösliche und benzinlösliche Konturenmittel, die von manchen Herstellern allesamt Gutta genannt werden. Strenggenommen bezeichnet der Begriff Gutta aber nur die benzinlöslichen Produkte.

Benzinlösliche Gutta wird aus getrocknetem Milchsaft exotischer Bäume gewonnen und mit Benzin versetzt. Wenn Sie mit dieser gelblich-klaren (evtl. zusätzlich eingefärbten) Flüssigkeit arbeiten, sollten Sie unbedingt gut lüften! Gutta, die durch Sauerstoffkontakt und langes Lagern zäh geworden ist, läßt sich mit Feuerzeug-/Waschbenzin wieder verdünnen. Manchmal reicht es, wenn man die Flasche einfach für zehn Minuten in heißes Wasser stellt. Bewahren Sie die Gutta am besten in der Originalflasche auf. Gefüllte Plastik-

Liner stellen Sie in ein Schraubglas, in das Sie ein paar Tropfen Benzin geben und luftdicht verschließen.

Benzinlösliche Gutta wird farblos und in mehreren Grundtönen angeboten. Das Einfärben farbloser Gutta mit Seidenmalfarben ist in der Regel nicht möglich.

Die Konturen nach dem Fixieren im Benzinbad selbst zu entfernen, ist nicht unbedenklich. Die Benzindämpfe sind gesundheitsschädlich und feuergefährlich.

Geben Sie Ihr Werk besser in die chemische Reinigung (»Kleiderbad« verlangen!).

Eine Eigenschaft macht diese echte Gutta trotzdem zum Lieblingskind vieler Profis: ihre absolute Zuverlässigkeit beim Reservieren, auch bei dünnen Linien auf sehr dicken Seiden!

Die **wasserlöslichen Konturenmittel** sind ein chemisches, nahezu geruchloses Produkt. Auch nach monatelangem Lagern trocknen sie nicht ein. Nach dem Fixieren werden diese Konturenmittel zusammen mit dem Farbüberschuß in warmem Wasser ausgewaschen. Achtung: Konturenmittel für Bügelfarben sind zum Dampffixieren meist ungeeignet! Für Dampffixierfarben empfiehlt sich die sogenannte »Gutta spezial«, eine weiße Flüssigkeit auf Wasserbasis, die durchsichtig eintrocknet.

Dieses Produkt läßt sich mit Seidenmalfarben in jedem gewünschten Farbton bis zum Vollton einfärben – sogar Tiefschwarz. Einfach ein paar Tropfen Farbe dazugeben, schütteln, stehen lassen, malen! Möglichst wenig Farbe nehmen, sonst wird das Mittel zu dünnflüssig, um noch sicher zu reservieren. Hier kann es nämlich bei den wasserlöslichen Trennmitteln Probleme geben. Auf Nummer Sicher gehen Sie, wenn Sie das Konturenmittel einige Stunden oder Tage offen stehen und eindicken lassen.

Alle Konturenmittel werden aus der Tube (sehr unbequem) oder mit einem Plastikfläschchen (Malflasche, **Liner**), auf das eine Trichterfeder mit Innengewinde (**Gutta-Pen**) geschraubt wurde, aufgetragen. Diese Metallspitzen gibt es in verschiedenen Längen und Durchmessern, die nach Gebrauch mit dem mitgelieferten Draht oder einer rostfreien Stecknadel verschlossen werden. Ungleichmäßige, malerische Linien ergibt der **Pinsel** – es darf auch gespritzt und gekleckst werden! Vor dem Malen gut trocknen lassen. Beim Kolorieren nicht ganz an die Linie gehen, dort fließt die Farbe von allein hin, nicht zuviel Farbe nehmen und nicht über die Linien malen. Denn an diesen Stellen dringt dann doch etwas Farbe in den Stoff.

Weitere Werkzeuge zum Guttaauftragen sind der **Konturenmaler,** der für die Seidenkünstlerin Ute Patel-Missfeldt entwickelt wurde, und der **Gutta-Pen** von Uhlig. Sehr gute Erfahrungenhabe ich mit dem **Javana Konturenliner** gemacht.

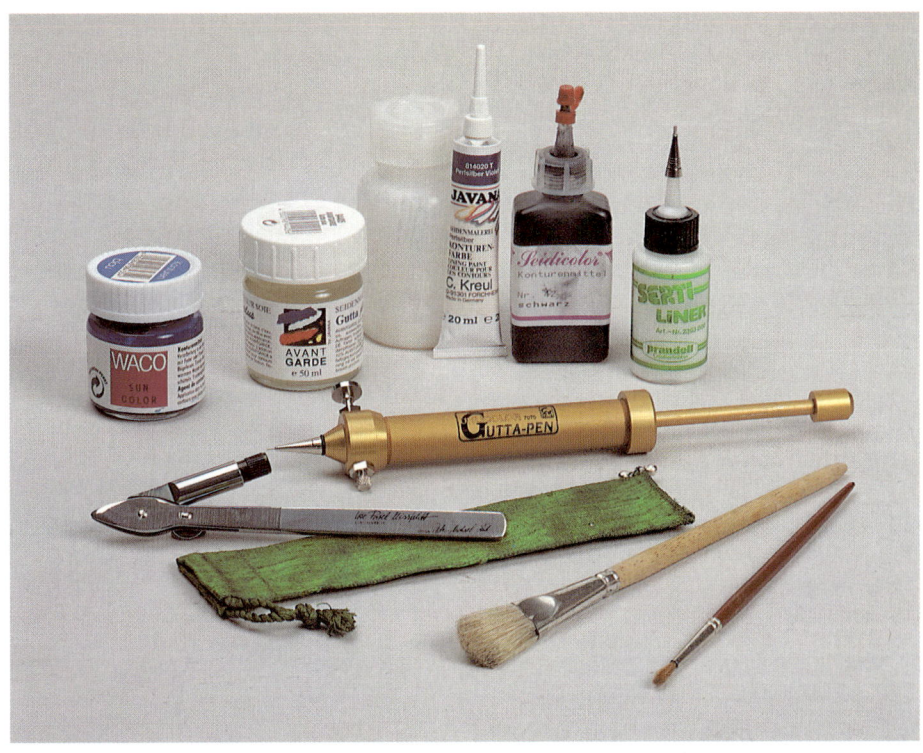

Verschiedene Konturenmittel und Werkzeuge zum Auftragen. Von hinten nach vorn: Tube, Liner mit Federaufsatz, Gutta-Pen, Konturenmaler von Ute Patel-Missfeldt, Borsten- und Haarpinsel

---

TIP: Je dicker die Seide, desto dünner soll das Konturenmittel sein! Ziehen Sie die Begrenzungslinien langsam und sorgfältig. Nicht trockenfönen, sondern langsam antrocknen lassen, damit das Mittel die Seide gut durchdringen kann. Bei dünneren Seiden können Sie flotter arbeiten. Im Zweifelsfall auch auf der Rückseite Konturenmittel auftragen oder vor dem Farbauftrag eine Generalprobe mit Wasser machen, ob alle Linien auch wirklich dicht sind.

Metallic-, Gold- und Silbergutta sind leider nicht wasch- und reinigungsecht – ein dickes Minus bei Kleidung. Wenn Sie Ihre Malerei

dauerhaft veredeln wollen: Rühren Sie eine Messerspitze Bronzepulver Hell- oder Dunkelgold, Kupfer oder Silber (im Hobbyladen erhältlich) in etwa einen viertel Teelöffel Gutta. Eventuell vorsichtig mit einem Tropfen Wasser verdünnen.

Professioneller Wachswärmer, davor ein Tjanting (Kännchen) zum Auftragen des flüssigen Wachses

Wachs wird bei kreativen Techniken immer belieber. Batikwachs oder einfache weiße Haushaltskerzen dienen ebenso wie Gutta als Begrenzungs- und Reservierungmittel. Sie werden geschmolzen und mit Pinsel oder Tjanting (Canting) aufgetragen (siehe Abbildung). Wird die Wachsschicht nach dem Trocknen geknittert, ergeben sich Krakeliereffekte, die Sie sicher von Batikbildern kennen. Das Wachs muß vor dem Fixieren vorsichtig mit Löschpapier ausgebügelt werden.

Achtung beim Schmelzen des Wachses! Sämtliche improvisierten

Eigenlösungen – vom Topf auf der Herdplatte bis zum Teestövchen – sind wegen der leichten Brennbarkeit des Materials auch bei ständiger Aufsicht gefährlich. Auch wenn Sie es im Wasserbad schmelzen: Das Wachs ist durch Temperaturschwankungen mal zu dick, um den Stoff zu durchdringen und zu reservieren, dann wieder zu flüssig.

Daher mein Tip:
Wer Gefallen am Malen mit Wachs hat, sollte sich einen **Wachswärmer** anschaffen. Das Profi-Gerät »Tixor Malam« ist stufenlos einstellbar und hat einen eingebauten Thermostat, die Geruchsbelästigung ist minimal (zu beziehen bei Galerie Smend, Mainzer Straße 31, 50678 Köln).

Verdicker und Verdünner

Die hochkonzentrierten Seidenmalfarben müssen im allgemeinen vor Gebrauch verdünnt werden. So fließen sie besser und bluten nach dem Fixieren weniger aus. Als **Verdünner** für Bügel- und die meisten Reaktivfarben dient Wasser. Dampffixierfarben werden mit Wasser, Alkohol, Alkohol-Wasser-Gemisch (Verhältnis 1 : 2) oder speziellem Verdünner (**Diluant**) angerührt.

Meist kommt alkoholverdünnte Farbe brillanter heraus als der gleiche Farbton, dem nur Wasser beigemengt wurde. Manche Malerinnen bevorzugen destilliertes Wasser. Bitte beachten Sie die Hinweise der Hersteller. Mit Verdünnungsmitteln werden bei Dampffixierfarben zauberhafte Auswascheffekte und Farbverschiebungen erzielt.

Setzt man dagegen der Farbe **Verdicker** zu (**Fließstop, Antifusant, Epaissisant**), wird die flüssige Farbe pastos und bleibt auf der Seide stehen. Damit malen Sie wie auf Papier. Als Farbverdicker eignet sich auch **Tapetenkleister**, der übrigens auch die billigste Lösung

ist, und **Spezialgutta**, die Sie im Verhältnis von 3:1 mit Seidenmalfarbe mischen.

Je nachdem, ob Sie ein benzin- oder wasserlösliches Produkt haben, können Sie wie folgt vorgehen:

Benzinhaltiges Antifusant eignet sich sowohl zum Grundieren vor dem Bemalen als auch zum Zwischendurch-Auftragen: Angenommen, Sie haben bereits einen Hintergrund mit Farbverlauf angelegt. Lassen Sie ihn trocknen und streichen mit einem breiten Pinsel Antifusant auf. Ist diese Imprägnierung trocken, zeichnen Sie mit Seidenfarbe filigrane Bäume, Gräser, Muster usw. darauf.

Genauso können Sie **Aquarellgrund**, den es für Bügel- und Reaktivfarben gibt, verwenden.

Achtung: **Fließstop auf Wasserbasis**, wie er von den meisten Herstellern für Reaktiv- und Dampffixierfarben angeboten wird, ausschließlich zum Grundieren vor dem Bemalen nutzen! Tragen Sie ihn auf einen bereits bemalte Fläche auf, riskieren Sie ein Anlösen der Untergrundfarbe.

Pinsel

Nur mit gutem Werkzeug macht das Malen wirklich Spaß und bringt Erfolgserlebnisse. Doch müssen Sie nicht unbedingt die hochwertigsten Rotmarderpinsel kaufen. Eine gute Alternative sind preiswerte Haar- und Kunsthaar-Pinsel, wenn Sie folgendes beachten:

Der Pinsel muß viel Farbe aufnehmen können, ohne zu tropfen. Egal ob haarfein oder fingerdick: Er sollte eine feine Spitze haben, hochelastisch und formbeständig sein. Welche **Stärken** und **Qualitäten** Sie brauchen, hängt von Ihren bevorzugten Seidenqualitäten und

Ihrem Malstil ab. Am besten, Sie stellen sich für den Anfang ein Grundsortiment verschiedener Pinsel zusammen, beispielsweise Rundpinsel in den Stärken Nr. 6, 8, 10, 14, 16 und 20.

Sehr große Flächen lassen sich gut mit einem **Schwamm** oder **Watte** einfärben, die Sie zu einem etwa tennisballgroßen, festen Bausch gewickelt haben. Gummihandschuhe anziehen!

TIP: Zumindest für die Farben Gelb und Schwarz sollten Sie sich je einen eigenen Pinsel anschaffen. In der Zwinge bleibt immer ein kleiner Farbrest, der die später benutzten Farbtöne verschmutzt.

Rund um den Rahmen

Für die klassischen Maltechniken wird die Seide straff wie ein Trommelfell auf einen **Holzrahmen** gespannt. Nicht alle handelsüblichen Modelle ermöglichen ein wirklich angenehmes Malen. Wählen Sie möglichst einen Rahmen, der

– **stufenlos verstellbar** ist (paßgenaues Aufspannen beliebiger Formate bis zur Rahmengröße. Sie können beim Malen nachspannen, wenn die feuchte Seide sich ausdehnt und durchhängt).

– **Die vier Leisten sollten mindestens einen Meter lang sein** (Standardformat für Tücher sind 90 x 90 cm) und

– **alle in einer Ebene** liegen. Wenn Sie allerdings Spannkrallen benutzen, stört es nach meiner Erfahrung nicht, wenn nur jeweils zwei Leisten flächenbündig sind, ebenso bei großen Formaten. Wenn Sie jedoch kleinere Stücke bemalen wollen, sind die beiden Stufen nachteilig.

*So sieht ein idealer Seidenmalrahmen
aus.*

Außerdem sollten Sie darauf achten, daß die Leisten mindestens vier Zentimeter hoch sind, damit die bemalte Seide nicht bis zur Unterlage durchhängt. Das Holz darf nicht zu hart sein, damit sich die Spann-Nadeln leicht eindrücken lassen.

Batik-Steckrahmen, die Einsteigern gern empfohlen werden, erfüllen nur einfache Ansprüche. Da die Leisten in bestimmten Abständen eingekerbt sind, können Sie das Format auch nur in diesem Raster verstellen. Schnelles Nachspannen während des Malens ist nicht möglich – Sie müssen dafür alle Spann-Nadeln lösen und neu befestigen. Ideal sind Steckrahmen für alle Druck- und Durchreibetechniken, doch dazu später mehr.

Sehr komfortabel ist ein zusätzliches **Standgerät,** auf das der Rahmen gesteckt oder geschraubt wird: Damit können Sie Ihr Werk drehen und wenden, wie Sie wollen.

Diese »Staffelei« für Seidenmalerinnen kann man gut selbermachen. Für große Formate (bei kleinen lohnt es kaum) können Sie Ihren Rahmen aus gehobelten Dachlatten, die Sie zusammenschrauben und mit Winkeleisen stabilisieren, preiswert selberbauen. Eventuell mit einer Holzleiste in der Mitte verstärken. Als Unterlage haben sich einfache Tischböcke bewährt. Sie können auch Ihren kleinen Rahmen erweitern, indem Sie ihn einfach auseinandernehmen und an zwei oder allen vier Seiten weitere Leisten anschrauben.

Wichtig: Schützen Sie die Leisten von dem Bemalen mit Paketklebeband, vor allem, wenn Sie mit Dampffixierfarben malen. Sonst kann es passieren, daß sich die Farbe im Holz durch Feuchtigkeit wieder löst und spätere Arbeiten verdirbt. Wischen Sie das Klebeband nach jedem Malen feucht ab. Für die richtige Spannung beim Malen sorgen Dreizackstifte, Pin-/Stoßnadeln oder Spannkrallen:

Dreizackstifte sind etwa ein Zentimeter große, flache Befestigungsstifte aus Stahl mit drei Zacken an der Unterseite. Da sich die Span-

nung verteilt, wird die empfindliche Seide geschont. Am besten im Abstand von drei bis fünf Zentimetern stecken.
– Ungünstig für rollierte Tücher, da die Farbe nicht gleichmäßig darunterläuft
– Praktisch für alles, was sowieso noch an den Rändern beschnitten wird (Kleiderstoffe, Bilder)
– Ideal für Techniken, bei denen der Rahmen umgedreht und die Seide flach auf der Unterlage liegen soll (Durchpausen von Entwürfen, Druckverfahren).

Spann-, Pin- und Stoß-Nadeln erinnern mit ihren bunten Kunststoff-Köpfen und feinen Nadelspitzen an Stecknadeln.
– Untauglich für Drucktechniken, unpraktisch für kleine Formate, da die Nadeln etwa zwei Zentimeter hochstehen.
– Ideal für rollierte Tücher: in den Rollsaum stechen.

Spannkrallen (Federhaken) bestehen aus zwei bis drei feinen, spitzen Metallhäkchen an einem kleinen Kunststoffgriff. Sie werden mit Gummiband am Holzrahmen befestigt.

Damit muß der Rahmen nicht jedesmal haargenau eingestellt werden, weil die elastische Aufhängung unterschiedliche Seidenformate bis zu einem gewissen Grad ausgleicht. Auch das Aufspannen ist im Handumdrehen erledigt. Während des Malens muß nicht nachgespannt werden.
– Geeignet bei fast allen Maltechniken (außer Drucken).
– Ideal für rollierte Tücher.

Stecknadeln sind nur eine Notlösung, einfache **Heftzwecken** ungeignet.
Für runde und quadratische Kissen, mittlerweile auch für Oberteile und Leggings, gibt es **Spezialrahmen,** die Sie bei größeren Bastelgeschäften oder Versendern bekommen.

13

> **TIP:**
> Rüsten Sie Ihren alten Steckrahmen mit Spannkrallen nach! Gute Dienste leisten damit auch Keilrahmen, wie sie zum Ölmalen verwendet werden, sogar ausrangierte Bilderrahmen!

Malen ohne Spannrahmen

Auch auf **Folie** läßt sich Seide hervorragend bemalen (siehe Seite 22).

Einige Seidenkünstlerinnen bevorzugen **Glasplatten** (oder Acryl, Resopal usw.). Im Gegensatz zum Rahmen, wo die Seide die Unterlage/Tischplatte nicht berühren darf, wird der Stoff direkt auf die Glasfläche gespannt und mit Krepp-Klebeband fixiert.

Vorteil: Die Hand liegt beim Malen auf, so daß man bequem und entspannt im Sitzen malt. Rückenschmerzen werden weitgehend vermieden. Vorlagen können einfach und schnell durchgezeichnet werden. Dieses Verfahren eignet sich für detailreiche, filigrane Konturentechniken und Aquarelle, fast wie auf Papier. Ute Patel-Missfeldt, die diese Technik entwickelte, zeigt Ihnen ab Seite 86 genau, wie's gemalt wird.

Malen auf der Glasplatte

Weiteres Zubehör

Zum Vorzeichnen und Übertragen von Motivkonturen eignen sich:
– **weicher Bleistift:** Nur zart auftragen, möglichst nicht radieren. Nachteil: Striche bleiben manchmal nach dem Fixieren und Waschen sichtbar
– **Phantomstift:** Dieser lila schreibende Filzstift verschwindet nach einigen Stunden von selbst. Ich verwende den Stift ungern. Denn wenn später Farbe über die Vorzeichnung aufgetragen wird, gibt es manchmal dauerhafte Streifen. Bei hoher Luftfeuchtigkeit, Wärme und Sonnenlicht verschwindet die Zeichnung schneller, als es einem lieb ist
– **Auswaschbarer Bleistift:** Speziell für die Seidenmalerei entwickelt; nach meinen Erfahrungen praktisch und problemlos
– **Auswaschbare Bügelstifte:** Diese Filzschreiber oder Buntstifte bekommen Sie auch in der Nähabteilung. Damit wird das Motiv auf Papier spiegelverkehrt vorgezeichnet und anschließend durch Bügeln auf die Seide übertragen. Auch mehrfaches Abbügeln ist möglich! Nach dem Fixieren wäscht sich die Vorzeichnung aus.
Achtung! Wurde mit Bügelfarben über die Vorzeichnung gemalt, kann es beim Auswaschen Probleme geben.

Zeichenkreide, die manchmal zum Skizzieren empfohlen wird, halte ich für untauglich – sie krümelt und verschmutzt die Seidenfarbe.

Zum Anrühren und Aufbewahren der Farbmischungen eignen sich kleine, wiederverschließbare **Gefäße,** beispielsweise leere Kamera-Filmdosen oder Schraubgläser. Besonders praktisch finde ich **Napfpaletten:** rechteckige weiße Kunststofftabletts mit tiefen Aussparungen, in denen man Farben mischt oder die mitgelieferten kleinen Deckel-Becher hineinstellt.

Außerdem brauchen Sie noch: mindestens ein **Wasserglas** zum Pinselauswaschen, **Papiertaschentücher** zum Abwischen der Pinsel und als Erste Hilfe bei Pannen, einen **Seidenrest** zum Ausprobieren von Farbtönen. Ob Sie Schere,

Papier, Textilmarker, Nähzeug usw. griffbereit haben sollten, hängt von den jeweiligen Techniken ab. Ihr **Arbeitsplatz** sollte so gestaltet sein, daß er auch mal einen Kleckser verträgt. Also notfalls Tisch und Fußboden mit Folie abdecken.

Die richtige Seide für jeden Zweck

Die vielen Seidenarten unterscheiden sich in Webart und Gewicht, Weichheit und Glanz. Im Handel

begegnen Ihnen im wesentlichen zwei Bezeichnungen, beispielsweise »Pongé/20 g« und »Pongé 05« (auch: »Pongé 5«). Dahinter verbirgt sich folgendes: Die Dichte des Gewebes und damit das Stoffgewicht kann in Gramm pro Meter Seidenstoff angegeben werden, der laufende Meter dieses Pongés wiegt also 20 Gramm. Beim zweiten Fall ist im wahrsten Sinne des Wortes »Fachchinesisch« im Spiel: Da viele Seiden aus China kommen, wird das Gewicht oft mit der asiatischen Maßeinheit »Momme« bestimmt (Abkürzung: m/m). Eine Momme entspricht etwa vier Gramm pro Meter bei 90 cm Breite.

Wenn Sie nachrechnen: 5 mal 4 Gramm macht 20 Gramm – also zwei verschiedene Angaben für ein und dieselbe Seide! Bei Stoffen, die breiter liegen als 90 cm – also vor allem bei großen Tüchern – erhöht sich das Stoffgewicht entsprechend.

Als Faustregeln können Sie sich merken:
– **Je dichter und schwerer die Seide, desto höher der Preis**
– **Je dünner und leichter, desto einfacher zu bemalen**

Nicht jede Seide eignet sich für jede Technik und jeden Verwendungszweck. Hier die gängigen Arten mit ihren besonderen Eigenschaften:

Die glatte **Pongé-Seide (auch: Habutai-, Batikseide)** gilt als preiswerteste und unkomplizierteste Seidenart. Als Einsteiger sind Sie gut bedient mit Pongé 5 oder 6: problemlose Qualitäten mit schönem Glanz und geschmeidigem Griff. Alle Maltechniken sind machbar.

Die Auswahl an Seidenqualitäten ist riesig. Im Bild verschiedene Jacquardseiden

Haltbarer sind allerdings die mittleren Stärken (8 und 10) sowie die schweren und sehr festen 12er und 14er-Pongés, die allerdings nicht mehr so stark glänzen. Mit Pongé kann man alles machen: Tücher, Bilder, Vorhänge, Kissen, Lampenschirme, Kleidung...

Crêpe de Chine ist ab einem Gewicht von 40 g im Handel. Mit ihrer rauhen bis körnigen Oberfläche und dem weichen Fall eignet sich diese knitterarme Seide ideal für Kleidung und Tücher, aber auch Wohntextilien. Alle Maltechniken sind möglich. Die Farbe ist nicht so fließfreudig wie bei Pongé.

Crêpe Satin (50 bis etwa 82 g) zählt wie der etwas leichtere Satin (48 bis 52 g) zu den Atlasseiden. Die Oberseite ist hochglänzend, die Unterseite matt wie Crêpe de Chine. Auf keiner anderen Seide sind die Farben leuchtender! Das klassische Material für festliche Kleider, wunderschön auch bei Jacken, Tüchern, Bildern, Kissen und Plaids. Die Fließfreudigkeit der Farbe hält sich in kontrollierbaren Grenzen.

Auch **Twill** (40 bis 45 g), dessen diagonale Webstruktur an Jeansstoff erinnert, bezaubert durch Glanz und eignet sich dank seiner Dichte und Haltbarkeit für Kleidung aller Art. Auch hier fließt die Farbe nicht so stark wie auf Pongé.

Gaze (auch: Gauze), **Chiffon** und **Crêpe Georgette** (ab 20 g) sind leichte, matte und transparente Seiden. Supermodisch: zarte Tücher, Schals und Abendkleider! Auch Stores aus diesen Leichtgewichten wirken sehr effektvoll. Dabei sollten Sie bedenken, daß diese Stoffe nicht sehr robust sind. Am stabilsten ist noch Crêpe Georgette mit seinem nur leicht durchscheinenden, krepartigen Charakter. Von filigranen Konturenmustern ist abzuraten, eine herrliche Wir-

kung erzielen Sie mit freien Dessins und großzügigen Verläufen. Vor allem für Wohnaccessoires und Kleidung (Trachten!) werden die schweren, edel schimmernden Doupionseiden (80 bis 110 g) aus Indien oder China verwendet. Die unregelmäßige, noppige Oberfläche dieser Wildseide (auch Shantung, Tussah genannt) ist nicht einfach zu bemalen, vor allem Konturentechniken machen Probleme. Wie alle dicken Seiden schluckt Doupion viel Farbe, am schönsten werden einfache Farbverläufe.

Hören wir **Taft**, denken wir meist an raschelnde, matt glänzende Abendroben. Aus den etwas steifen Taffetaseiden (50 bis 70 g) lassen sich dank ihrer Festigkeit auch Kissen und andere Wohnaccessoires verarbeiten, die strapaziert werden dürfen.

Mit effektvollen, eingewebten Mustern präsentieren sich die **Jacquardseiden,** beliebt vor allem für Krawatten und Westen. Auch Tücher und Kleidung aus der teils matten, teils glänzenden Seide sind zu empfehlen! Achtung – Konturen müssen sehr sorgfältig gezogen werden. Unruhige Muster und detailreiche Guttatechnik sind eher ungünstig; besonders edel wirken fließende Farbverläufe.

Grundtechniken im Überblick

Reservierungsmittel-Techniken

Mit Konturenmittel, Gutta, Wachs oder verdickter Farbe wird der Farbfluß gestoppt. Sie bekommen klar begrenzte Linien und Farbflächen. Reizvolle Varianten ergeben sich beispielsweise durch die **Schichttechnik.**

Bevor's an die Schritt-für-Schritt-Anleitung geht, hier vorab die vier Grundregeln:
– Von hell nach dunkel, von zart nach kräftig malen
– Mischungen beachten (Blau auf Gelb gibt Grün usw.)
– Im Wechsel Farbe und Gutta einsetzen
– Jede Schicht gut trocknen lassen, bevor die nächste aufgetragen wird.

Schritt 1: Die Seide wird hellgelb grundiert. Trocknen lassen.

Schritt 2: Zeichnen Sie farblose Guttalinien auf.

Schritt 3: Erster Farbauftrag mit stark verdünntem Rot (gibt Orange) und Blau (gibt Grün). Trocknen lassen.

Schritt 4: In die neu entstandenen orangefarbenen und grünen Felder wiederum Gutta auftragen: die Blätter der Mohnblüte und Knospen sowie die ornamentale Blattzeichnung. Trocknen lassen.

Schritt 5: Zweiter Farbauftrag. Die soeben reservierten Felder mit einer zweiten Lasur in Rot übermalen.

Schritt 6: Wieder wird Gutta eingesetzt, diesmal im dunklen Bereich der großen Mohnblüte und rechten Knospe.

Schritt 7: Diese kleinen roten Blütenfelder mit dünnem Blau kolorieren – Sie bekommen ein warmes Lila.

Schritt 8: Ein anthrazitgrauer Hintergrund bringt Kontrast. Gut zu sehen: Die Guttazeichnung hat immer die Farbe ihres Untergrundes (also gelbe Umrisse, hellgrüne Blattadern usw.). Die Linien sind entweder verdeckt (auf gelbem Hintergrund) oder als farbige Kontur sichtbar (bei grauem Hintergrund).

Für die Schichttechnik ist benzinlösliche Gutta komfortabler, denn Sie können sie übermalen, die Farbe perlt ab. Benutzen Sie wasserlösliche Gutta spezial wie ich, müssen Sie um alle Konturen sorgfältig herummalen.

Aquarelltechnik (Naß-in-Naß)

Die Seidenfarbe wird ohne Begrenzung auf die feuchte oder trockene Seide gesetzt. Durch das Fließverhalten ergeben sich Mischungen, weiche Verläufe, wolkige Strukturen und Trockenränder. Zufällige (oder ungewollte) Entwicklungen sollten Sie nicht ärgern, weil Sie sich etwas anderes vorgestellt haben, sondern zum schöpferischen Spiel mit Farbe und Seide anregen. Das gibt oft die schönsten Effekte! Das Aquarellhafte kann mit Wasser, Alkohol oder Salz verstärkt werden, man spricht hier auch von Farbverschiebungen. Mit dem Fön können Sie gelungene Effekte vor dem Zerfließen retten.

Salztechnik

Streut man trockenes Salz (Speise-, Bäcker-, Effektsalz) auf die bemalte, noch leicht feuchte Seide, zieht jedes Salzkorn die Feuchtigkeit und damit die Farbe aus seiner unmittelbaren Umgebung zu sich heran. Rundherum bilden sich kreisförmige Aufhellungen mit bizarren Schlieren. Vor dem Fixieren unbedingt sämtliche Salzreste sorgfältig entfernen, da sie die Seide angreifen.

Mit Nitroverdünnung wird ein kopiertes Motiv auf die Seide übertragen. Noch einfacher geht's, wenn Sie die Seide mit der linken Seite nach oben aufspannen, den Rahmen umdrehen, so daß die Seide auf einer unempfindlichen Unterlage aufliegt, und dann das Motiv auf die rechte Seite durchreiben.

Der Salztechnik haftet der Ruf des Hobby-Kitsches an, doch wenn man sie sparsam einsetzt (etwa indem einzelne Salzkörner gezielt aufgesetzt werden), hat sie auch in der anspruchsvollen Seidenmalerei ihre Berechtigung.

Malen auf imprägnierter Seide

Grundierungen vermindern die Fließfreudigkeit der Farbe und führen zu vielfältigen Effekten. Neben dem Malen auf Antifusant (siehe Seite 11) sind folgende Imprägnierungen zu empfehlen: Gutta-Waschbenzin-Mischungen (Verhältnis ca. 1 : 8), Spezialgutta-Wasser-Lösung (1,5 : 1), Tapetenkleister (nach Anleitung des Herstellers vorbereiten), Salzlösung (250 g Kochsalz in einen Liter warmes Wasser rühren) oder Zuckersirup (Wasser und Zucker 1 : 1 aufkochen, warm oder kalt verwenden).

Malen mit verdickter Farbe

Sie können wie auf Papier malen, wenn Sie nicht den Seidenuntergrund, sondern die Farbe behandeln. Durch Zugabe von Farbver-

dicker (Antifusant), Gutta/Konturenmittel oder Tapetenkleister erhält die dünnflüssige Seidenfarbe eine zähflüssige bis gallertartige Konsistenz. Nun können Sie detailliert zeichnen und großzügig malen, klecksen, tupfen, spachteln, drucken... Nach dem Fixieren und Auswaschen/Reinigen wird die versteifte Seide wieder schön weich.

Übertragungs- und Durchreibe-Techniken (Frottagen)

Hier kommt alles zum Einsatz, was Struktur hat: gepreßte Pflanzen, Rauhfasertapete, Leinen, Korbgeflecht, Büroklammern... Unter die gespannte Seide legen und vorsichtig durchreiben, am besten mit Wachskreide.

Eine effektvolle Variante ist das Übertragen von Fotokopien, die sogenannte **Nitro-Frottage:**

Neben den üblichen Seidenmalutensillien brauchen Sie Nitroverdünnung oder Balsamterpentin (Baumarkt), Küchenkrepp/Lappen/Watte, Gummihandschuhe und eine oder mehrere beliebige Fotokopien: von persönlichen Fotos, Buch- und Zeitschriftenausschnitten, Kunstdrucken, Landkarten,

Notenblättern und allem, was sich auf die Platte des Kopierers legen und ablichten läßt (Blätter, Pflanzen, Ihr Handabdruck usw.)

Und so wird's gemacht:
1. Seide mit der Rückseite nach oben (!) aufspannen, Rahmen umdrehen, so daß die Seide glatt auf einer abwaschbaren Arbeitsfläche liegt. Die Vorderseite des Stoffes liegt jetzt oben. Oder (siehe Foto Seite 18): Seide normal aufspannen. Ein dickes Buch darunterlegen, so daß der Stoff aufliegt.
2. Plazieren Sie die Fotokopie auf die Seide, und zwar so, daß das Motiv direkt auf der Seide liegt und Sie die unbedruckte Seite sehen. Ziehen Sie Gummihandschuhe an und nehmen Sie etwas Nitroverdünnung auf den Lappen, der damit gerade feucht, nicht aber tropfnaß sein sollte. Halten Sie die Kopie mit einer Hand gut fest und reiben sie mit dem Lappen in der anderen Hand vorsichtig durch (siehe Abbildung Seite 18).
Achtung: Wegen der Lösungsmitteldämpfe unbedingt draußen oder zumindest bei geöffnetem Fenster arbeiten!
3. Nun haben Sie einen spiegelverkehrten (!) Druck, den Sie beliebig weiterbearbeiten können (siehe Foto oben). Ob Sie die Nitrofrottage vor oder nach dem Fixieren durchführen, spielt keine Rolle. Die Seidenfarbe wird durch den Verdünner nicht angelöst, die Frottage ist wasch- und reinigungsbeständig.

Kreidetechnik

Mit speziellen Wachsstiften für Seide (genausogut sind bienenwachshaltige Wachsmalkreiden, Zeichenbedarf) läßt sich nicht nur durchreiben, sondern auch großzügig malen, konturieren und reservieren (statt Gutta). Die Kreiden werden meist mit Seidenmalfarben kombiniert. Für Dampffixier- und Bügelfarben gibt es eigene Produkte.

Drucktechniken

Vom fertigen Stempel bis zum antiken Teigmodel, vom zugeschnittenen Radiergummi bis zum Linoleum, vom Korken bis zur Kartoffel: über Materialdruck ließen sich etliche Seiten füllen.
Kinderleicht, schnell und effektvoll ist die **Monotypie** (»Einmaldruck«). Ideal zum Drucken eignet sich Bügelfarbe, die nach dem Druck mit dem Bügeleisen fixiert wird. Bei manchen, vor allem schwarzen Dampffixierfarben kann es passieren, daß sich die Druckfarbe beim späteren Kolorieren anlöst.

Das per Nitrofrottage übertragene Bild erscheint spiegelverkehrt.

Monotypie: Vor dem Drucken Seide auf einen Holzrahmen spannen, am besten mit Dreizackstiften. Auf eine glatte Platte (Glas, Kunststoff) wird nun zügig verdickte Farbe aufgetragen, je nach Laune mit Pinsel, Spachtel, Spülbürste, Schwamm usw. Solange diese Farbe noch feucht ist, können Sie Ihre Druckvorlage noch bearbeiten.

Rasch den Seidenrahmen umdrehen und die Seide vorsichtig auf die Glasplatte legen.

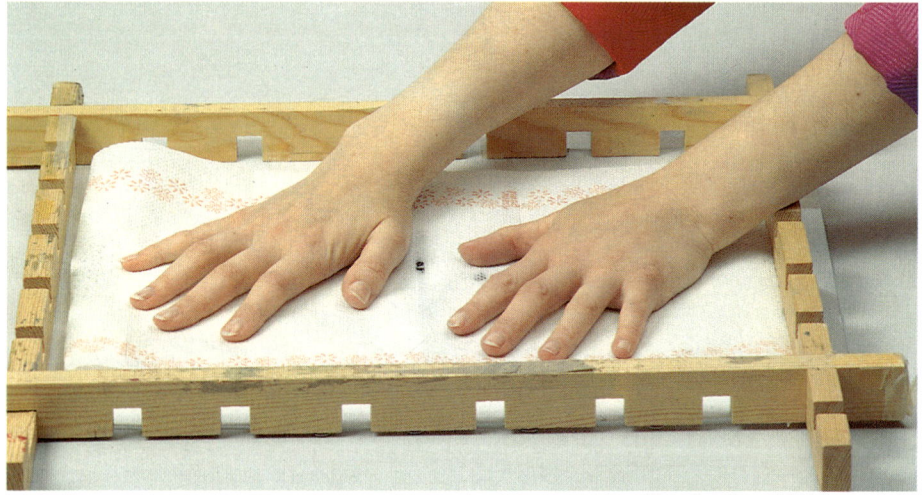

Eventuell mit Küchenkrepp sanft darüberreiben, damit der Druck gleichmäßig und kräftig wird.

Vorsichtig abheben: Jetzt haben Sie einen spiegelverkehrten Druck. Trocknen lassen.

Nun wird die Monotypie mit flüssigen Seidenmalfarben weitergestaltet.

Sprühtechniken, Airbrush

Mit einem Fixativröhrchen können Sie (vor allem auf grundierte/imprägnierte Seide) Farbe aufsprenkeln. Experimentieren Sie auch mit Zerstäuberflaschen für Zimmerpflanzen, Pumpzerstäubern (Parfumflakon!) oder Zahnbürste und Sieb.

Unübertroffen brillante Farbverläufe lassen sich mit dem Airbrush zaubern. Da eine brauchbare Anleitung für Auswahl, Handhabung und Möglichkeiten des professionellen Grafikerwerkzeuges den Rahmen dieses Buches sprengen würde, empfehle ich Ihnen als erste Information den Band »Airbrush für Einsteiger« von Matthias Faber, erschienen im Augustus- Verlag.

Experimentelle Techniken

Hierunter verstehe ich alle Verfahren, deren Ergebnis nicht vorhersehbar und berechenbar ist, sondern sich im Laufe des schöpferischen Prozesses (des Experimentierens) von selbst ergibt. Dazu gehören beispielsweise das Abbinden, Zwirbeln und anschließende Färben der Seide, wie Sie es vielleicht von der Schnurbatik kennen.

Eine Fülle an Anleitungen und Ideen bietet Ihnen gleich das nächste Kapitel – bitte blättern Sie um…

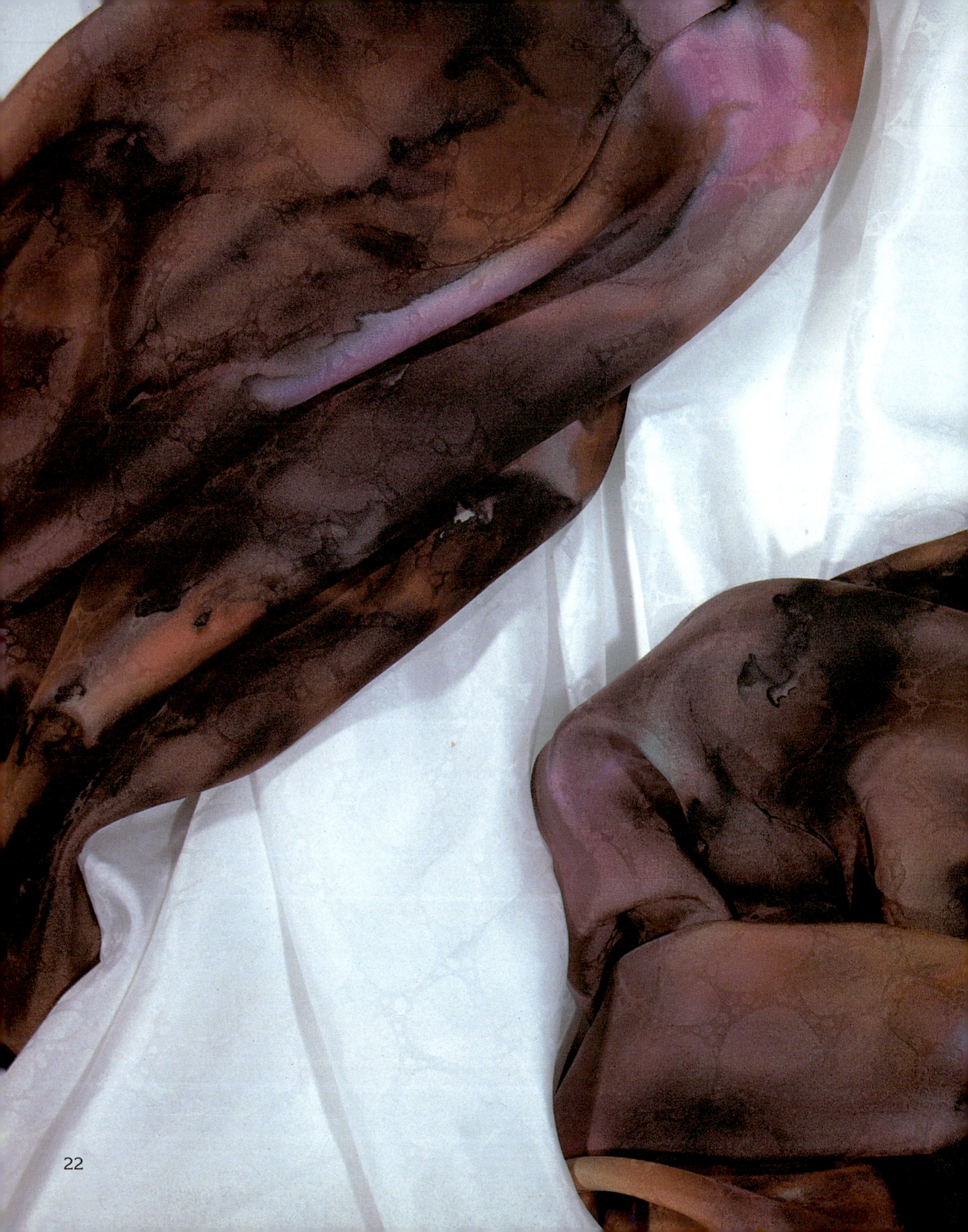

Seidenmalen ohne Rahmen

Unkonventionelle, einfache und wirkungsvolle Maltechniken präsentiert Monika-Solveig Rewald. Damit können Sie Blusen, Wäsche, Kimonos und andere Seidenrohlinge bemalen, die sich nicht gut aufspannen lassen. Selbst wer nicht so gut zeichnen kann, erzielt mit wenig Aufwand tolle Ergebnisse. Auch Kinder machen gern mit!

Seidenmalen ohne Rahmen

Rahmen, Spannkrallen, Gutta- und Entwurfszeichnungen dürfen Sie in diesem Kapitel beiseite legen. Sie brauchen lediglich Seide, dampffixierbare Farben und einige Utensilien, die Sie sicher im Haushalt haben.

Farbauftrag mal anders

Außer mit dem Pinsel lassen sich die Farben auch mit Watte auftra-

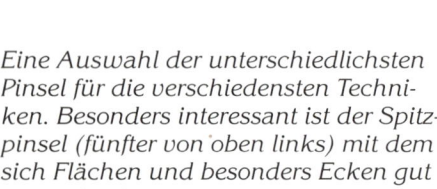

Eine Auswahl der unterschiedlichsten Pinsel für die verschiedensten Techniken. Besonders interessant ist der Spitzpinsel (fünfter von oben links) mit dem sich Flächen und besonders Ecken gut ausmalen lassen.

Der Fünfspitzenpinsel ist ein Werkzeug für Spezialisten: Man kann mit fünf verschiedenen Farben gleichzeitig malen. Dazu wird die Farbe einzeln mit der Pipette auf die Pinselspitze getropft, überschüssige Farbe an Papier abgewischt. Auf trockener Seide gemalt, ergeben sich fünf verschiedene Farben parallel nebeneinander.

Ein interessanter Effekt entsteht, wenn dieser Pinsel in der Verdünner-Technik eingesetzt wird. Über eine vorher eingefärbte und getrocknete Seide wird der mit Verdünner benetzte Pinsel langsam gezogen. Der Verdünner verdrängt die Farbe auf der Seide. Es entstehen je nach Farbauftrag Aufhellungen, und es können auch Farbveränderungen an den Rändern entstehen.

gen. Um zu vermeiden, daß die Wattefusseln auf der farbnassen Seide »kleben« bleiben, wird ein Wattebällchen geformt und mit einem weißen Seidenrest umwickelt. Von einer Wäscheklammer gehalten, läßt sich dann das Bäll-

chen beim Farbauftrag ganz gut führen.

Andere Möglichkeiten für interessante Farbaufträge bietet der Schwamm. Ein Badeschwamm oder ein noch unbenutztes Schwämmchen eines Schuhreinigungsmittels (mit Plastikhalterung) eröffnen ungeahnte Möglichkeiten.

Ihrer Phantasie bei der Gestaltung sind keine Grenzen gesetzt.

Als weiteres, sehr vielseitiges Arbeitsmittel eignen sich Pipetten. Sie sind in Apotheken und im Seidenmalfachhandel auch als Pipettenflaschen zu bekommen, in denen sich Restfarben besonders gut aufheben lassen.

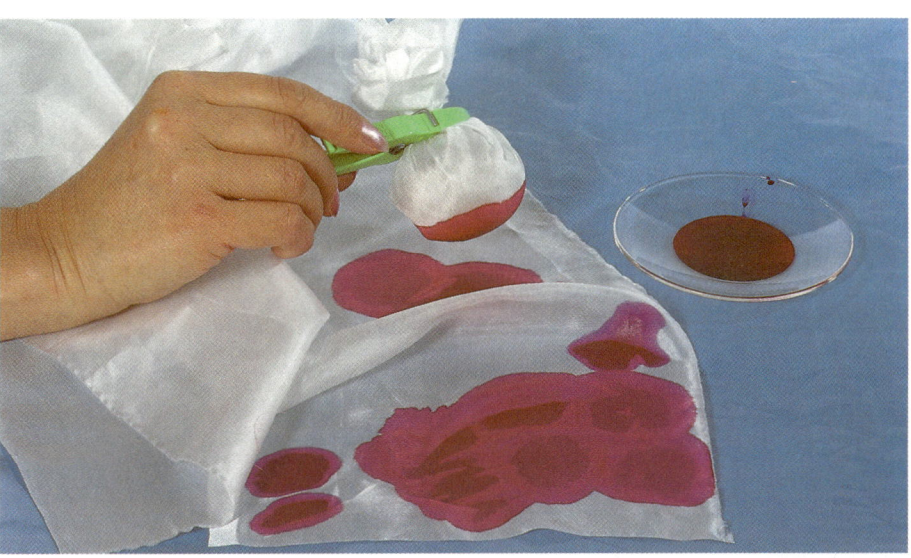

Mit Wattebällchen, mit Seide umwickelt und in verschiedenen Größen, lassen sich große Flächen zügig und meist streifenfrei bemalen.

Die Arbeitsmöglichkeiten mit einem Schwamm werden meist unterschätzt. Sammeln Sie Schwämme in den unterschiedlichsten Materialien und Strukturen, um damit Farbflächen zu gestalten.

Als Gestaltungsmittel und Schutz – Folien

Normalerweise benutzt man Folien zum Abdecken einer zu schützenden Fläche. Für die in diesem Buch behandelten Techniken wird Folie zusätzlich als Strukturgestalter benutzt, d. h. die Folie hat die Funktion ähnlich einer Druckplatte. All diese Folien hinterlassen ihre Muster auf der bemalten Seide. Es gibt dicke glatte Folien (Bauabdeckfolie) und feine (Müllsäcke) die, wenn sie geknüllt werden, viele Knitter bekommen. Außerdem gibt es Noppenfolien, die als Rollenmaterial verkauft werden. Kleine Stücke können Sie aus Verpackungsmaterial lösen.

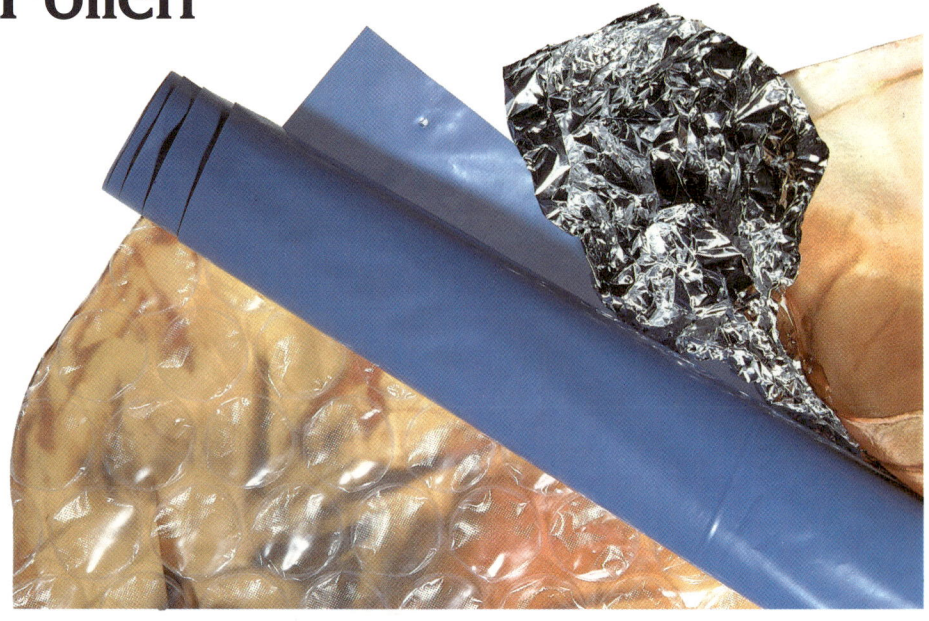

Folien aller Art lassen sich nach dem einfachen Reinigen durch Abspülen immer wieder verwenden.

Glatte Folien hinterlassen runde Kreise, die den Luftblasen eines Tauchers unter Wasser ähneln.

Knitterfolie überträgt ihr bizarres Knittermuster und Noppenfolie ihre meist runden Abdrucke. Auch mit Alufolie können Sie interessante Muster knicken oder knüllen und so auf die Seide übertragen. Nehmen Sie die Seide von der Folie erst dann ab, nachdem sie ganz trocken ist. Beim Arbeiten bekommen Sie sicher auch selbst noch neue Ideen in dieser Technik.

Das kreative Gestalten mit Folie und Seide bringt ungeahnte Möglichkeiten. Experimentieren Sie! Es wäre schade, die Folie nur als Schutz vor der flüssigen Farbe zu benutzen. Schöne Rundmuster ergeben sich durch Noppenfolie, die preiswert aus alten Versandtaschen gelöst werden kann.

Tips zum Malen auf Folie

Fast alle meine Kursteilnehmerinnen sind anfänglich überrascht, daß ich keine Seidenspannrahmen, sondern nur verschiedene Folien verwende.

Diese Idee ist aus dem Problem entstanden, oft keine Rahmen oder viel zu kleine zu haben. Bei unseren ersten Tests auf Folie waren wir sehr erstaunt, welch wirklich bezaubernd strukturierten Untergründe für weitere Farbaufträge entstanden. Wir fingen endlich an, Stoffe zu gestalten.

Machen Sie es genauso! Vergessen Sie alles, was Sie bisher über Seidenmaltechniken gelesen oder gehört haben und beginnen Sie: Ziehen Sie sich eine wasserundurchlässige Schürze an. Haben Sie nicht? Nehmen Sie einen großen Müllsack und schneiden ihn so auf, daß Arme und Kopf hindurchpassen. Fertig ist der »Müllsacklook«.

Legen Sie eine dichte Folie (welche, ist in der Anleitung jeder Maltechnik extra beschrieben) auf Ihren größten Tisch, ohne sie zu spannen oder festzukleben. Sie wird nicht verrutschen!

Wenn Sie es dennoch tun, entstehen keine schönen Knittereffekte.

Nun legen Sie Ihre trockene oder nasse Seide (je nach Technik) auf die Folie. Denken Sie auch an die fertigen Wäscheteile! Keine Angst. Sie können es bestimmt. Also, locker auflegen!

Ziehen Sie jetzt die Gummihandschuhe an. Nehmen Sie Ihre Lieblingsfarben (am Anfang sind weniger Farben mehr!), die Sie in Ihre Mischtöpfe gießen. Beginnen Sie von oben nach unten mit dem Pinsel oder der Pipette zu gestalten.

Was nun kommt, kenne ich genau! Es ist die Hemmung, bevor der erste Pinselstrich auf der Seide ist. Da müssen Sie durch – aber was kann denn auch schon passieren? Man kann ja, außer bei Schwarz und Rot, alles übermalen oder einfach hinterher sagen, man hätte sich den Entwurf genau so vorgestellt; oder wenn es ganz schrecklich aussieht, kommt die gesamte Seide in den Entfärber. Dann läßt sie sich neu übermalen.

Aber es wird bestimmt wunderschön! Arbeiten Sie sich langsam von oben nach unten durch. Also nicht erst alle roten Flächen und dann alle gelben, sondern immer abwechselnd aneinander malen. Am besten mit zwei Pinseln arbeiten. Zwischen die Farbflächen können Sie auch klares Wasser laufen lassen. So ergeben sich weiche Übergangstöne, die auch dem Anfänger auf diese Art und Weise schnell gelingen. Achten Sie darauf, daß bei fertiger Wäsche auch alle Nähte wirklich mit Farbe bemalt sind. Während der ganzen Arbeit dürfen Sie nie die Seide abheben. Sie muß liegenbleiben, bis sie trocken ist. Erst dann dürfen

Sie Ihr erstes Werk vorsichtig abheben. Nicht herunterziehen, da sich auf der Folie vielleicht noch Farbtropfen halten, die nach unten hin nicht wegtrocknen konnten. Wenn Ihre trockene, bemalte Seide in diese Farbtropfen fällt, entstehen häßliche Flecken.

Ach ja, Flecken: Bitte fassen Sie Ihre fertigen Stücke vor dem Fixieren nur mit trockenen Händen an. Auch nicht vorher anziehen, selbst wenn das Stück noch so schick geworden ist. Erst zwei Tage später können Sie Ihre Seidenobjekte ohne Dampf bügeln und alles fixieren oder fixieren lassen.

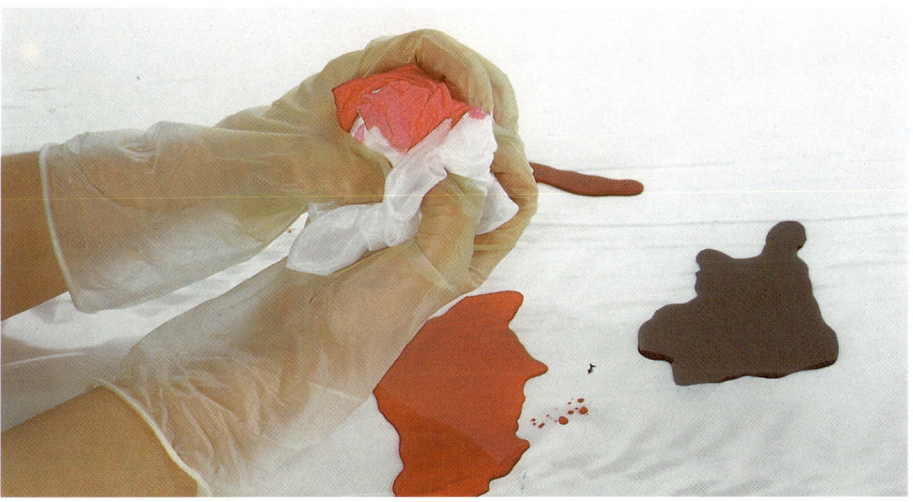

Wenn Sie so richtig mit der Farbe mengen müssen, wie z. B. beim Farbauftrag durch Knettechnik (siehe auch Seite 37), sind Gummihandschuhe sehr nützlich.

Farbauftrag und Gestaltungsideen

Salzeffekttechnik

Material:

Folie nach Wahl
Seide nach Wahl
Dampffixierbare Farben
Grobes Salz
Wassertopf
Breiter Pinsel oder Schwamm

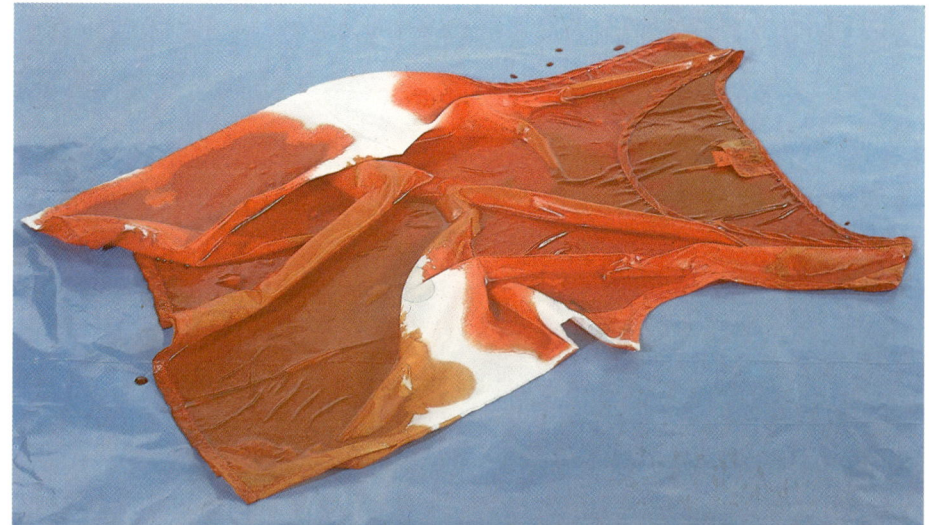

*Vor dem Salzauftrag wird die Seide in körpergerechte Falten gelegt.
Mit Pinsel oder Pipette wird die erste Farbe aufgetragen.*

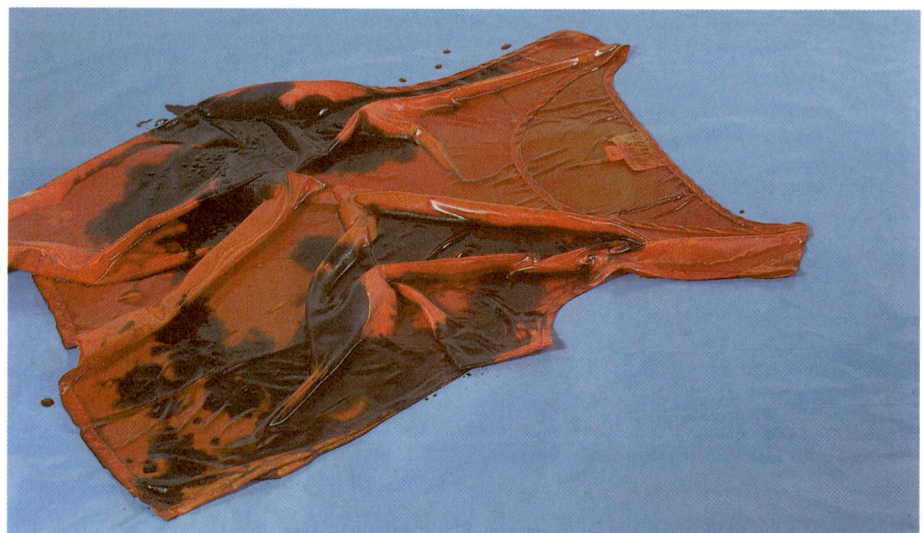

Mit einer weiteren Farbe wird ganzflächig eingefärbt, bis keine weiße Stelle mehr frei bleibt. Alle Nähte und Überlappungen müssen besonders satt eingefärbt werden, weil die Farbe auch die Rückenseite des Shirts durchdringen muß.

Nach dem hier beschriebenen Ablauf wird der Salzeffekt auch auf der Rückseite des Shirts auftreten, weil es sich hier um eine dünne Seide (Pongé 05) handelt.

Das Bild zeigt, wie aus der zur Schaufel geformten Hand das Salz schwungvoll von außen nach innen über das Shirt geworfen wird. Es ist günstig, wenn Sie auf einem freistehenden Tisch arbeiten, damit Sie von allen Seiten unverkrampft Salz aufwerfen können.

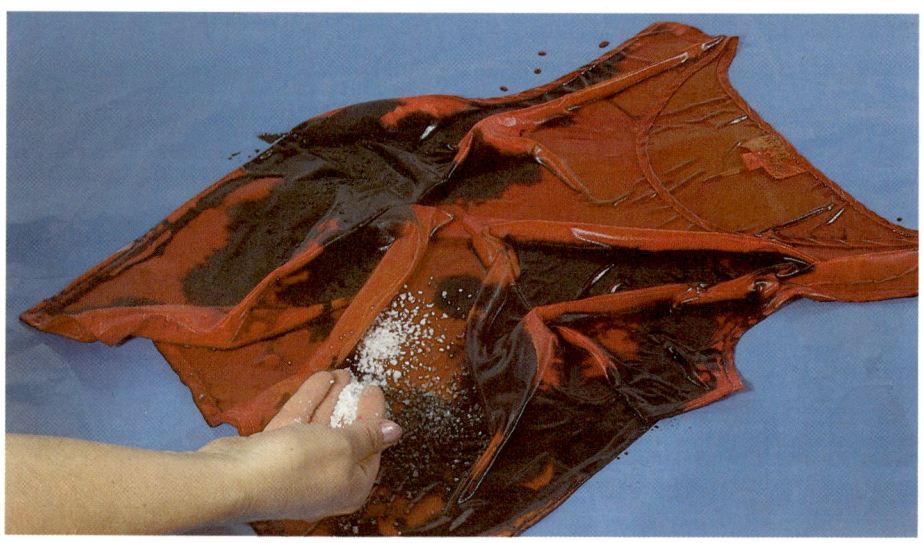

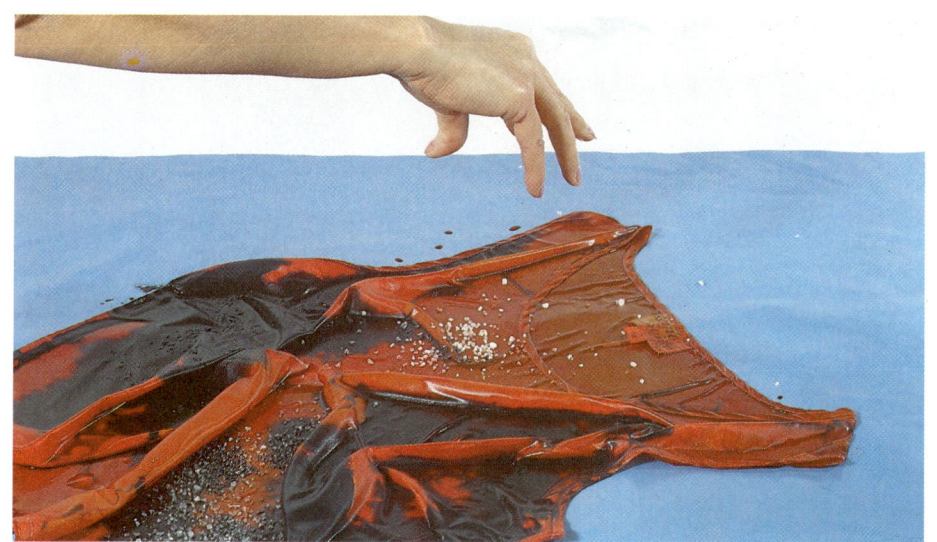

Ein anderer Effekt entsteht, wenn Sie das Salz explosionsartig aus der »pfötchen-artig« gehaltenen Hand auf die Seide fallen lassen.

Schauen Sie sich an, wie sich das anfänglich noch so einfache Muster wundersam verwandelt hat. Dieser tolle Gestaltungseffekt wird nur erreicht, wenn das Salz bis zum vollständigen Abtrocknen mehrere Stunden auf der unbewegten Seide wirken konnte.

Auch hier wird die Seide auf eine Folie gelegt, und kräftige Farben werden mit Pinsel oder Schwamm aufgetragen. Nehmen Sie keine stark verdünnten Farben, da das Salz vom Wasser oder vom Alkohol angelöst wird und so der gewünschte Effekt ausbleibt.

Auf die noch farbnasse Fläche werfen Sie das Salz – und zwar immer nur so viel, daß sich die Salzkörner nicht überdecken. Nach einiger Zeit sehen Sie, je nach Raumtemperatur und Stärke der Seide, wie das Salz die Feuchtigkeit aus der Farbe zieht und helle Spuren hinterläßt, die unter den Salzkörnern in kleinen dunklen Punkten enden. Man kann auch zur Effektverstärkung mit einer Pipette Farbe auf die Salzkörner tropfen. Die Farbwirkung ist dann besonders verblüffend. Das Salz darf erst dann abgeschüttelt werden, wenn die Seide ganz trocken ist. Wenn sich nun die Seide sehr starr anfühlt, ist das ganz normal. Nach dem Fixiervorgang und wenn die Seide gewaschen und gebügelt ist, gewinnt sie ihre Geschmeidigkeit und ihren Glanz zurück.

Mit der Pipette

Material:

Folie
Seide nach Wahl
Dampffixierbare Farben
Große Pipetten
(damit sie mehr Farbe aufnehmen)
Gummihandschuhe
Wassertopf

Auf einer dicken Folie breiten Sie die vorher gewaschene und gebügelte Seide aus und schieben sie dabei in lockere weiche Falten. Anschließend bereiten Sie die Farbmischungen in Plastikbechern vor und stellen auch einen Becher mit Wasser dazu.

Farbauftrag mit der Pipette. An den lockergelegten Falten entlang wird kurz hintereinander die jeweilige Farbe Stück für Stück über die ganze Seide aufgetragen. Um weiche Übergänge zu erhalten, lassen Sie ganz sanft Wasser aus der Pipette zwischen die einzelnen Farben fließen.

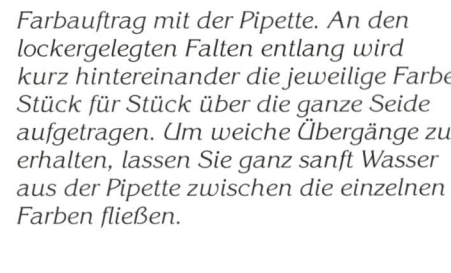

Beachten Sie, daß dickere Seide viel Farbe schluckt. (Das werden Sie bei einer Probe schnell feststellen). Mit einer großen Pipette nehmen Sie nun die dunklere Farbe zuerst auf und lassen sie an den Falten entlang ausfließen. Beim Farbauftrag nur langsam auf das Gummistück drücken, sonst haben Sie ungewollt die »Spritztechnik« entdeckt. Dabei sollten Sie nicht zu große Flächen auf einmal bearbeiten, da die Farbe zu schnell trocknet und sonst harte Farbränder entstehen. Als nächstes nehmen Sie mit einer Pipette Wasser auf

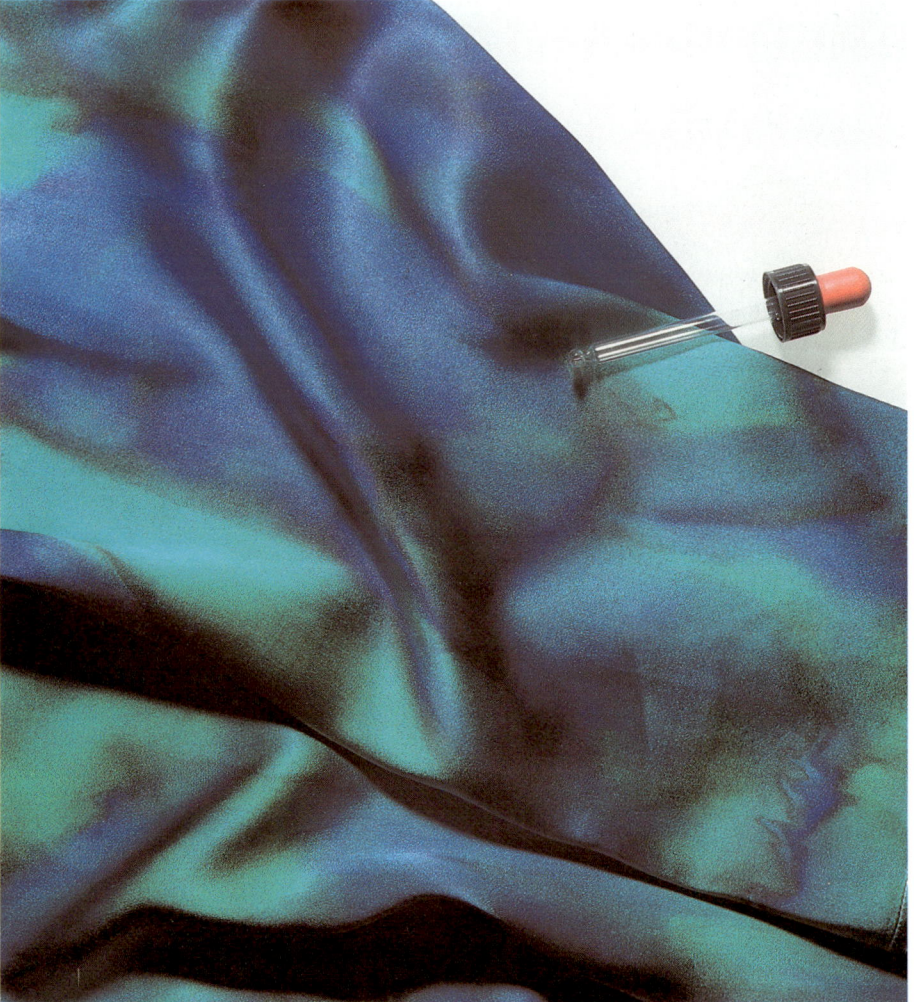

So sieht das Endergebnis dann im Detail aus...

...und so das fertige Modell.

und lassen es zur dunkleren Farbe hin auslaufen. Die darauffolgenden Farben schließen immer an die vorherigen ohne Zwischenraum an. Es ist vorteilhaft, für jede Farbe eine eigene Pipette zu benützen.

Wenn Sie das ganze Seidenstück bemalt haben, überprüfen Sie, ob auch alle Innenseiten der Falten Farbe aufgenommen haben. Das gilt auch für alle rollierten oder maschinengenähten Säume.

Verdrängungstechnik mit Verdünner

Material:

Feine Pongé 05, 06 oder
Crêpe Georgette
Dampffixierbare Farben
Verdünner (Diluant)
Pinsel, nicht zu dünn
Evtl. Schwamm
Wassertopf
Gold-, Silbergutta (bügelfixierbar)
Kleine Flasche mit Aufsatzfeder
zum Auftragen der Gutta
Bügeleisen

Für das hier gezeigte Seidentuch wurden auf durchscheinendem Crêpe Georgette zarte dunkle Farben in Blau gewählt, da die Effekte durch die große Lichtdurchlässigkeit der Seide sonst nicht genügend sichtbar wären. Auch alle dunkleren violetten Töne eignen sich hier ebenfalls.

Auf einer glatten, ausnahmsweise auf dem Tisch festgeklebten Folie wird die Seide mit einem großen Pinsel eingefärbt und in dieser Stellung ganz getrocknet. Nach dem Trocknen muß die Folie gut geputzt werden, bevor der Stoff wieder darauf gelegt wird.

Bei diesem Beispiel wurde mit einem breiten Pinsel nach Herstellervorschrift verdünnter Diluant streifenartig aufgetragen. Die einzelnen Streifen dürfen sich aber nicht berühren, sonst verlaufen die hübschen Linien. Trocknenlassen. Dampffixieren.

Nun wird die Goldgutta in eine kleine spezielle Flasche mit Aufsatzfeder gefüllt und daraus direkt auf den trockenen Untergrund aufgetragen. Bevor die Goldgutta dann endgültig in die Seide eingebügelt wird, muß sie mindestens 12 Stunden trocknen. Dieses Bügeln ist eher ein Pressen, wobei zwischen Bügeleisen und Seide ein altes Bügeltuch gelegt wird.

Feinste Seidengespinste (hier Crêpe Georgette) eignen sich besonders für die farbliche Gestaltung in der Verdrängungstechnik. Seiden dieser Art sind von einer zauberhaften Transparenz. Locker über ein enges Seidenkleid drapiert, geht nichts von ihrer Duftigkeit verloren.

Abbindetechniken

Sicher haben Sie schon auf Seidenstoffen Muster gesehen, deren Herstellung Sie sich nicht erklären konnten. Manchmal erinnern sie an Batiken, aber Sie vermissen dabei die feinen Bruchlinien des Wachses, in das die Farbe gelaufen ist. Ein andermal sieht der Stoff wie bedruckt aus, doch die Muster sind nicht gleichmäßig genug. In einem solchen Fall hatten Sie wahrscheinlich eine der vielen Abbindetechniken vor sich, die Sie mit etwas Phantasie noch weiterentwickeln können.

Drei dieser Techniken werden hier vorgestellt: Das Spitzenabbinden mit konventionellem Farbauftrag durch Pinsel und die Abbindetechnik mit Kordel und durch Zwirbeln. Dabei wird die Farbe durch Knettechnik indirekt über die Folie aufgenommen.

Das Spitzenabbinden

(Ergebnis: blumenartige Rosetten)

Material:

**Folie, glatt
Pongé 05, 06, 08 oder
Crêpe de Chine oder
Satin
Wischpapier
Pinsel Nr. 4
Flachpinsel
Dampffixierbare Farben nach Wahl
Wassertopf
Etwa 10 kleine Gummiringe**

Bevor bei dieser Technik mit dem Bemalen begonnen wird, binden Sie mit Gummiringen die vorher gewaschene und gebügelte Seide mit kleinen »Tüten« ab. Dazu greifen Sie die Seide von oben mit dem Zeigefinger und Daumen und drehen sie zu einer kleinen spitzen Tüte. Am Ende der Drehung binden Sie die Seidentüte unten ab,

indem Sie einen Gummiring darum wickeln. Wo Sie diese »Abbindetüten« einsetzen, hängt von Ihrem Gestaltungswunsch ab. Auf einem Pareo können Sie viele dieser Rosetten setzen und durch zweimaliges Abbinden solch einer Tüte auch einmal eine große, ausdrucksvollere Rosette schaffen. Für Oberteile sollten Sie lieber weniger plakative Muster wählen.

Die farbliche Gestaltung

Den fertig abgebundenen Stoff legen Sie locker auf die Folie und beginnen mit dem Bemalen der ersten abgebundenen Tüte. Dazu halten Sie mit zwei Fingern das Tütchen von unten fest und bemalen mit dem Pinsel Nr. 4 die Spitze zuerst mit einer Farbe und sofort anschließend mit der nächsten. Arbeiten Sie ringförmig um die Tüte herum. An den abgebundenen Stellen müssen Sie berücksichtigen, daß die Farbe hier den Stoff – auch weil er zusammengedreht ist – nicht so stark durchdringen kann, so daß er dort heller oder sogar weiß bleibt. Dieser Effekt ist zwar beabsichtigt, aber nicht zu allen Entwürfen passen größere weiße Stellen. Wollen Sie lieber weiche Übergänge haben, lassen Sie etwas klares Wasser zwischen Gummiring und Seide laufen. Aber nicht zu naß arbeiten, sonst laufen die Farben zusammen.

Bemalen Sie jede Tüte einzeln mit allen Farben ganz fertig. Also nicht

mit nur einer Farbe alle Tüten in Serie bemalen! Das erscheint zwar zeitsparend, weil Sie die Pinsel nicht so oft auswaschen müssen. Leider entstehen aber dann harte Trockenränder! Durch die Benutzung mehrerer Pinsel erspart man sich das häufige Auswaschen. Also für jede Farbe einen eigenen Pinsel! Nachdem Sie nun alle abgebundenen Stellen fertig ummalt haben, beginnen Sie mit dem Hintergrund

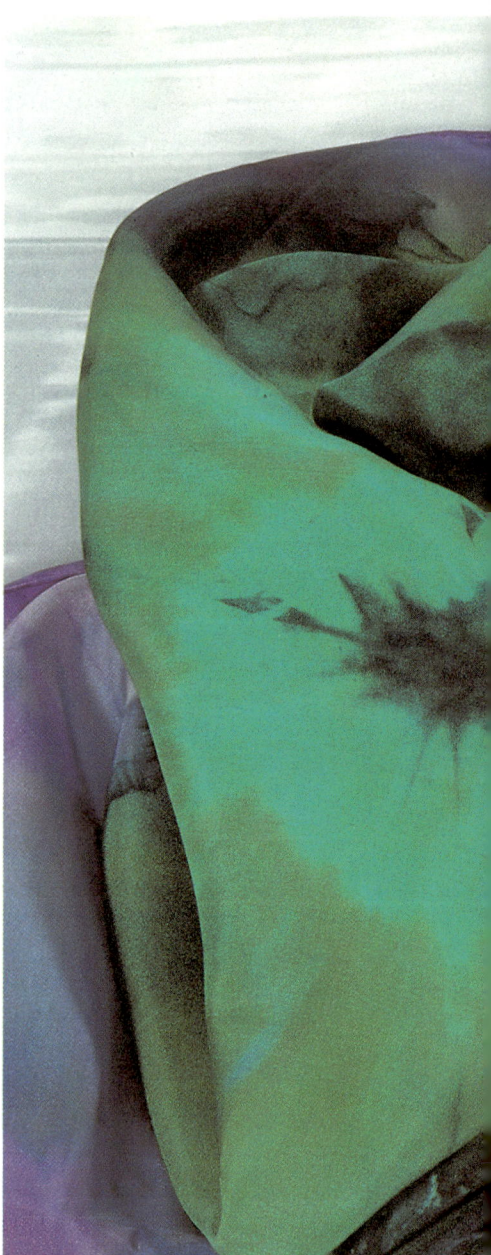

des Stoffes. Ich nehme dafür besonders gerne das »Schmutzwasser«, das sich beim Auswaschen der Pinsel ergibt. Mit einem Flachpinsel male ich damit die Abbindetüten in einem Abstand von etwa fünf Zentimetern.

Da die verdünnte Farbe auf der Folie trotz des großen Abstandes in die bemalten Tüten läuft, fange ich sie beim Zusammentreffen mit der bereits aufgemalten Farbe durch

Tupfen mit einem Wischpapier ab. So entsteht ein farblich immer perfekt passender, aquarellartig wirkender Hintergrund.

Nachdem der Stoff auf der Folie getrocknet ist, können Sie die Gummiringe vorsichtig aufschneiden und die Tüten auseinanderziehen. Jetzt sehen Sie das Ergebnis vor sich – batikähnliche Rosetten. Wie üblich wird die Seide noch gebügelt und fixiert.

Durch das »Tütenabbinden« entsteht auf einfachste Weise der Rosetteneffekt. Auf diesem Bild ist zur Demonstration jeweils im grünen und im violetten Teil eine »Tüte« abgebunden und davor als Ergebnis eine dunkle (links in der Mitte) und eine helle (rechts vorn) Rosette zu sehen.

Die Farben Ihrer Wahl verteilen Sie durch Gießen oder mit Pipette auf der Folie. Es entstehen kleine Pfützen. Das beigelegte Mustertuch demonstriert noch einmal die große Farbenpalette, die Ihnen zur Verfügung steht.

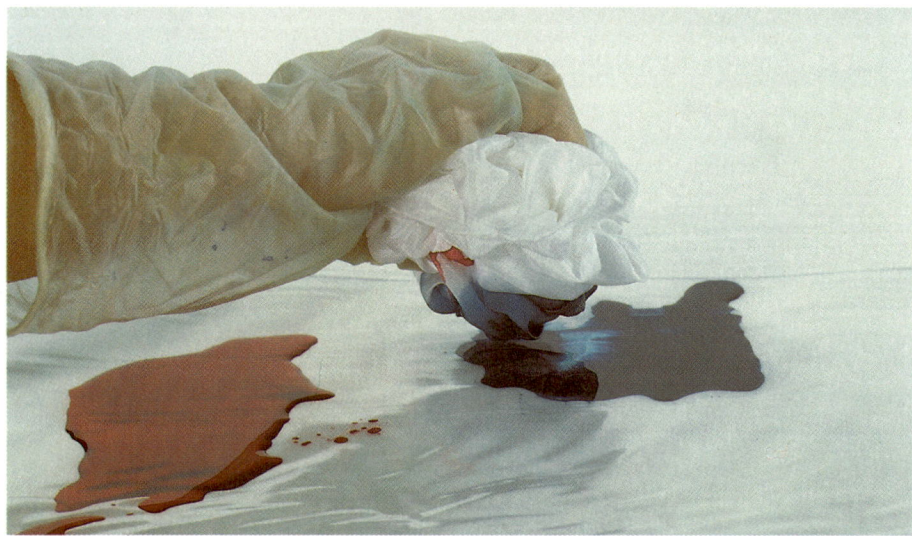

Die zusammengeknüllte Seide wird abwechselnd in die Farbe getupft und saugt diese auf. Wenn Sie saubere Hände behalten wollen, können Sie Haushaltshandschuhe wie auf diesem Bild tragen.

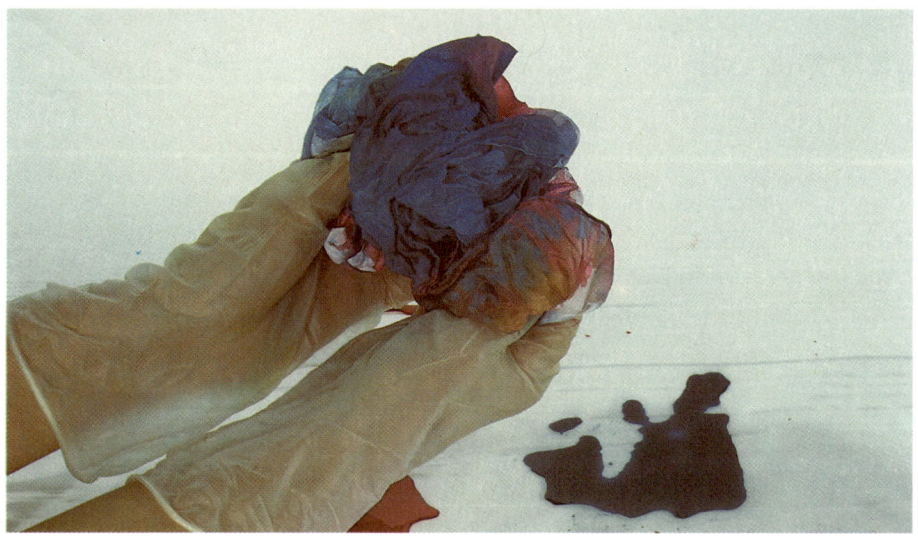

Zwischen den einzelnen Farbaufnahmen kneten Sie die Seide immer wieder aufs neue, um die charakteristischen Farbbrüche dieser Technik zu erhalten.

Farbauftrag durch Knettechnik

Für die beiden folgenden Abbindetechniken wird die Farbe nicht wie
üblich mit Pinsel, Schwamm, Wattebausch (aber mit Seide überzo-
gen) oder Pipette auf die Seide
gebracht, sondern die Farbaufnah-
me erfolgt indirekt über die Folie.

Breiten Sie dafür eine Folie glatt
aus und gießen oder tropfen Sie
darauf mit einer Pipette etwa fünf
Pfützen verschiedener Farben von
jeweils etwa sechs Zentimeter
Durchmesser.

Nun nehmen Sie ein Seidentuch
(Pongé 05, 06, 08) und knüllen es
fest zusammen, so als ob Sie einen
Knödel oder Kloß formen wollen.
Diesen Seidenknödel tauchen Sie
in die erste Farbpfütze und drücken
die Farbe fest ein. Wiederholen Sie
diesen Vorgang mit allen Farben
solange, bis die ganze Seide eingefärbt ist. Zwischen den einzelnen
Farbaufnahmen muß die Seide
immer wieder auseinandergefaltet
und neu zusammengeknüllt werden. Arbeiten Sie nicht zu naß. Die
Farbe läuft sonst wieder aus dem
Tuch heraus.

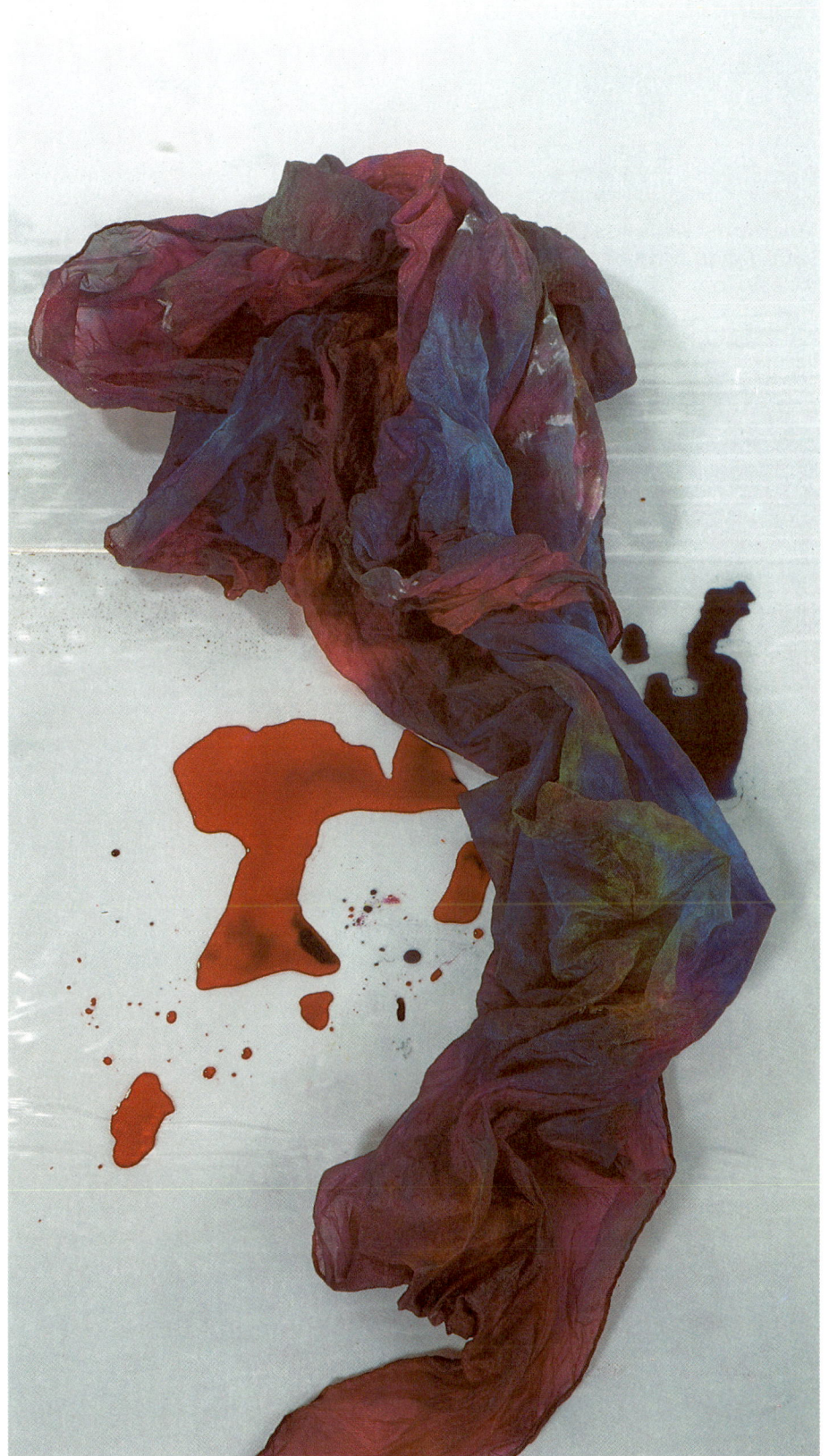

*Das Endergebnis in seiner vollen
Farbenpracht.*

Abbindetechnik mit Kordel

Material:

**Glatte Folie
5 cm dicke Kordel
Dampffixierbare Farben
Zwirn
Quadratische Seide Pongé 05
Gummihandschuhe
Wassertopf**

Für dieses blaue Tuch habe ich verschiedene Blautöne in Knettechnik aufgetragen. Anschließend wurde eine dicke Kordel diagonal in die noch feuchte Seide (Pongé 05) gewickelt. Das so entstandene Kordelpaket wurde mit Zwirn locker zusammengebunden.

Beim Einwickeln der Kordel in die farbnasse Seide müssen Sie den Stoff straff zur Kordel hinziehen, sonst liegt die Seide nicht eng genug um die Kordel, und deren Strukturen werden nicht übertragen.

Bevor Sie das Paket zehn Minuten in kochendes Wasser legen, muß es gut durchgetrocknet sein. Anschließend mit klarem, kaltem Wasser ausspülen und die Kordel aus der Seide wickeln. Die Struktur der Kordel hat sich in regelmäßigen Abständen auf der Seide abgezeichnet. Nun muß das Tuch nur noch gebügelt werden. Nach dieser Behandlung ist die Seide fixiert.

Beachten Sie aber bitte, daß diese Art der Fixierung nur bei abgebundener Seide möglich ist und wenn so vorgegangen wird, wie es hier beschrieben ist.

Ausgestattet mit diesem aparten Stoff und einem Zeichenstift haben Sie sicher reizvolle Ideen für aufregende Modelle.

Das ist das Ergebnis: flott gebunden sieht das 90 x 90 cm große Tuch aus Pongé 05 oder Satin sehr attraktiv aus.

Die Zwirbeltechnik

Material:

Glatte Folie
Dampffixierbare Farben
Toptuch 110 x 110 cm
oder Meterware
Pongé 05, 06, 08 möglich
Zwirn oder Gummiband
Kochtopf
Gummihandschuhe

Eingefärbt in der Knettechnik, wird der Stoff gezwirbelt und mit Gummiringen abgebunden.

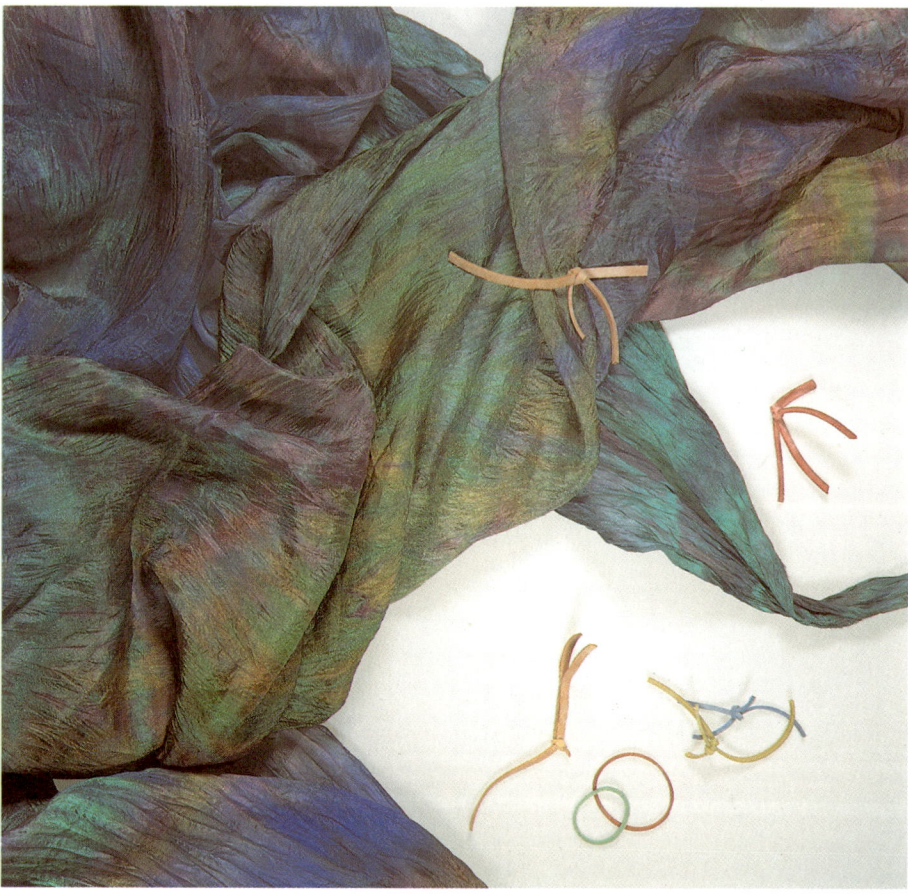

Nach dem Fixieren im Kochtopf werden die Gummiringe aufgeschnitten. Die Seide im aparten Knitterlook liegt in ihrem vollen Glanz vor Ihnen.

Nachdem Sie die Farbe auf die Folie gegossen und die Seide in der Knettechnik eingefärbt haben, legen Sie das noch farbfeuchte quadratische Seidentuch so auf die Folie, daß es diagonal von Ecke zu Ecke fest eingedreht (gezwirbelt) werden kann. Einfacher geht es, wenn noch jemand mithilft.

Im Abstand von etwa fünf Zentimetern wird die »Zwirbelwurst« nun abgebunden und zwar mit Gummiringen, die die Farbe sammeln und ihre Abdrücke ring- oder streifenförmig auf die Seide abgeben. Falls Sie keine weiteren Muster wünschen, müssen Sie mit Zwirn abbinden und zwar locker. Benutzen Sie keine zu dunk-len Farben, denn beim nun folgenden Kochfixieren (40 Minuten bei der »Kordeltechnik«) sonst »verfinstern« sich Ihre Farben. Nachdem Sie den Stoff abschließend mit kaltem, klarem Wasser ausgespült und Gummiringe oder Zwirn entfernt haben, trocknen Sie die Seide mit einem Fön. Ausnahmsweise wird diesmal nicht gebügelt, damit die quergedrehten Knicke erhalten bleiben! Nur wenn Sie den Knitterlook nicht wollen, muß die Seide nochmals angefeuchtet und trocken gebügelt werden.

Ein Wickeltuch aus Satin für viele Verwendungszwecke. Die farbliche Gestaltung wurde durch das Zwirbeln erreicht. Die bunte Farbmischung ist in ihrem endgültigen Erscheinungsbild nicht steuerbar. Die weichen Farbübergänge bei diesem Modell erklären sich aus dem Material: Satin bildet beim Zwirbeln weichere Farbbrüche als Pongé. Die Zwirbelknicke wurden bei diesem Modell feucht ausgebügelt.

Pfiffige Ideen mit Bügelfarbe

Nach wie vor Spitzenreiter in Sachen Seide sind die unkomplizierten Bügelfarben. Im Vergleich zu den ersten Produkten, welche die Seide sehr steif machten und nicht viele Farbtöne boten, wurden diese Farben immer weiter verbessert. Auch das Zubehör vom Aquarellgrund bis zu Farbgutta kann sich sehen lassen, es ermöglicht eine Fülle zusätzlicher Techniken. Ideal sind Bügelfarben für Krawatten, Brillenetuis, Haaraccessoires, Schirme und Rohlinge, die sich nicht immer gut dampffixieren lassen. Staunen Sie, was Marianne Heller-Seitz zum Thema Bügelfarben und Farbgutta so alles eingefallen ist...

Wasser-Blumen-Technik

Das Verfahren beruht auf der Konfrontation einer Farb- mit einer Wasserfläche. Beim Aufeinandertreffen wollen sie sich gegenseitig abstoßen, sie versuchen sich auszuweichen. Wasser dehnt sich etwas schneller aus als die Farbe und möchte die Oberhand gewinnen und die Farbe verdrängen. Das Ergebnis kann sehr reizvoll sein.

Material und Technik:
Pongé, Deka-Silk, Aquarellpinsel Größe 10, 12 oder 14, einen zusätzlichen Wasserbecher für sauberes Wasser.

So wird's gemacht:
Man übt am besten auf einem Probefleck und arbeitet mit zwei Pinseln fast gleichzeitig. Zuerst wird mit der (linken) Hand das Wassermuster (Kreuz, Stern, konzentrische Ringe, Kombinationen) aufgetragen, dann unmittelbar danach mit dem anderen Pinsel reichlich Farbe in die Zwischenräume nahe ans Wasser gesetzt.

Blumenartige Gebilde entwickeln sich so lange, bis Farbe und Wasser trocken sind. Um ein »Verblühen« zu vermeiden, sollten gelungene Entwicklungszustände sofort mittels Fön festgehalten werden.

Experimentierfreude und Erfahrung bringen die schönsten Blüten hervor (siehe »Blumen aus Mexiko«, Seite 64f.). Details sind in nebenstehenden Abbildungen zu sehen.

Schema für den Wasser- und Farbauftrag bei der Wasser-Blumen-Technik. Schwarze Flächen bedeuten Farbe, gestrichelte Wasser.

Auf Bild ① sieht man kreuzweise aufgetragene Wasserflächen. Mit dem zweiten Pinsel wird zwischen die Balken punktförmig Farbe aufgetragen.

Auf Bild ② eine Sternform der Wasserfläche, wieder Farbpunkte in die trockenen Zwischenräume.

Auf Bild ③ werden die Farbpunkte in die Wasserfläche gesetzt – im Zentrum und an der Peripherie.

Auf Bild ④ wird die Farbe in zwei Kreisformen auf ein Wasserkreuz gelegt.

Auf Bild ⑤ wird der äußere Wasserkreis von »Blütenblättern« durchbrochen, die abwechselnd von innen nach außen und von außen nach innen aufgemalt werden.

Auf Bild ⑥ werden ein Kreis und Punkte mit Farbe auf einen Wasserstern gesetzt, der einen Wasserkreis im Zentrum hat.

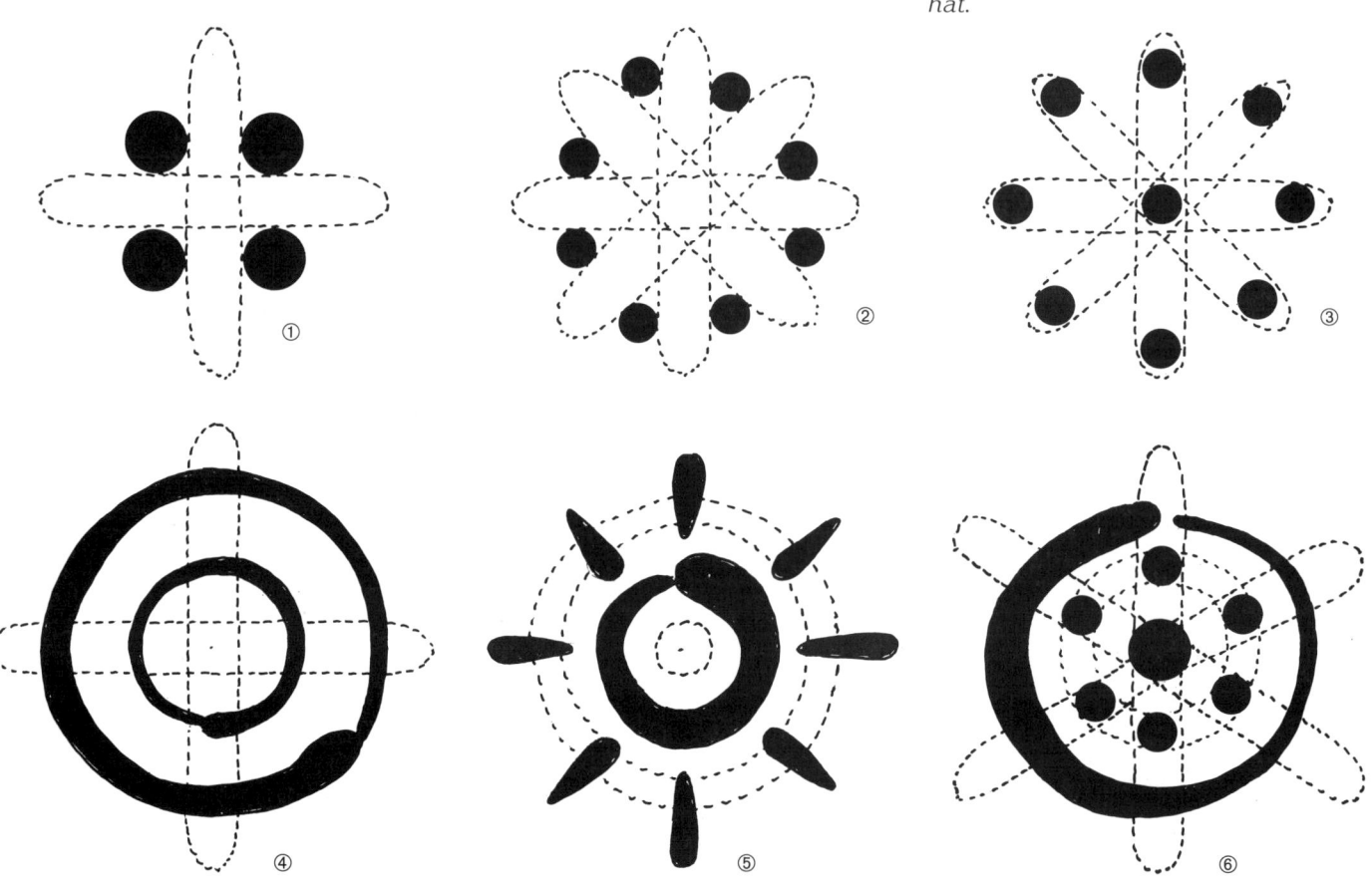

Wenn die Blumen am schönsten sind, werden sie mit dem Fön getrocknet.

Farbe wird auf die Kleisterschicht getropft.

Die Farbe wird mit einem Kamm verzogen.

Marmorier-Technik

Bevor die Seidenmalfarbe auf Seide kommt, wird sie auf einer dickflüssigen Kleisterschicht am Trocknen gehindert und in frei fließenden Bewegungen marmoriert.

Material und Werkzeug:
Pongé, Beizmittel für die Seide (fertig gekauft oder Kalium-Alaun oder Aluminium-Sulfat, 40 g auf 1 l Wasser), weiße Fotowanne, Tapetenkleister, Deka-Silk, Pipetten, Schaschlikstäbchen, Kämme und dergleichen, Spülmittel, Kupfergutta, Zeichenpapier, Schere, Zeitungspapier, Farbgutta (aufgezählt in der Reihenfolge der Anwendung).

> **TIP:**
> Der Bastelhandel bietet auch komplette Marmorier-Sets (z. B. von Javana).

So wird's gemacht:
Seide in Beizlösung gut durchziehen und trocknen lassen. Tapetenkleister zur Konsistenz dickflüssigen Speiseöls ansetzen. Farben auf seine Oberfläche mit Pipette, Stäbchen oder Pinsel tropfen, mit Stäbchen oder Kamm und dergleichen ineinander oder gegeneinander, kreuz oder quer verziehen. Passendes Seidenstück vorsichtig auf die marmorierte Farbschicht faltenlos legen. Fünf Minuten einwirken lassen, bis die Farben leicht durch die Seide dringen. Dann Seide vorsichtig abziehen, in klarem Wasser Großteil des anhaftenden Kleisters wegspülen, zwischen Zeitungspapieren antrocknen. Von links durch Bügeln fixieren. Dann erst Kleister gründlich auswaschen und die Seide abschließend glattbügeln.

Die Pongé-Seide saugt innerhalb weniger Minuten Farbe auf. Diese beginnt sich auf der Rückseite zu zeigen. Dann wird die marmorierte Seide vorsichtig abgehoben.

Spüli-Technik (links):
Stark verdünntes Spülmittel, das auf die marmorierte Kleisterschicht getropft wird, verdrängt Farbe. Entstandene Freiräume auf Seide kann man dann mit Farbgutta gestalten.

Kupfergutta-Technik (ganz links):
Kupfergutta, auf marmorierte Kleisterschicht getropft, verdrängt Farbe und breitet sich mit metallischem Glanz aus.

Kupfergutta breitet sich auf der Kleisterschicht bereitwillig aus und verdrängt die Farbe.

Das Spülmittel hat Farbe verdrängt. Mit Farbgutta können die freien Flächen bemalt werden.

Schaschlikstäbchen geben Farbe ab und bringen Stabilität in eine Marmorierung.

Stäbchen-Technik (links):
Schaschlikstäbchen oder dergleichen in Farbe tränken und auf marmorierte Kleisterschicht legen. Die Farbe löst sich von den Stäbchen und überträgt sich auf die Seide.

Wenn man konsequent bei seiner Vorstellung bleibt, lassen sich sogar gegenständliche Motive marmorieren.

Gegenständliche Darstellung:
Nicht nur abstrakte Muster, sondern auch gegenständliche oder figürliche Darstellungen lassen sich mit der Marmoriertechnik verwirklichen. Man tropft die Seidenmalfarbe schon in einer gewünschten Anordnung auf den Kleister und verzieht die Farbe mit einem Stäbchen in die beabsichtigte Form. Hier läßt sich z. B. unschwer die Form eines Gockelhahns erkennen.

Schablonentechnik mit Guttamalerei:
Papierschablone, hier in Herzform, auf marmorierte Kleisterschicht legen. Das Herz wird beim Umdruck auf der Seide ausgespart. Leere Herzform samt Umgebung mit Farbgutta (siehe Ornament-Technik, Seite 53) gestalten. (Das marmorierte Papierherz kann dann z. B. auf eine Briefkarte geklebt werden.)

Die Papierschablone in Herzform hält die Farbe von der Seide fern.

Oben links: Die freie Herzfläche kann beliebig gestaltet werden.

Oben rechts: Mit Farbgutta kann die Herzform präzisiert werden.

Unten links: Mit Farbgutta kann der frei fließende Rand der Marmorierung betont werden.

Unten rechts: Mit Farbgutta kann frei über die Marmorierung gezeichnet werden.

49

Pinsel-Rolliertechnik

Die geniale Idee: Ein Pinsel wird mit mehreren Farben gleichzeitig gefüllt und um seine eigene Achse über die Seide gerollt. Er kann auch gezogen, gekippt oder sogar »gezittert« werden.

● Rollier-Technik gerollt

Material und Werkzeug:
Pongé, Deka-Silk, Ringpinsel Größe 2, Aquarellpinsel Größe 12, drei abgenutzte Aquarellpinsel beliebiger Größe.

So wird's gemacht:
In Querrichtung zu den Pinselhaaren werden die Pinsel dreifarbig eingefärbt.

Rundpinsel werden im rechten Winkel zur Haarrichtung eingefärbt.

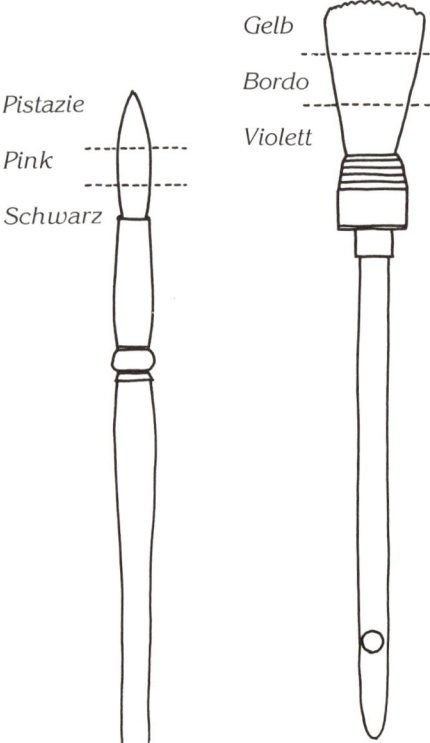

Auf einem Probestück abrollen, einfüllen, abrollen. Wenn die Pinsel getränkt sind, auf der Seidenfläche, die man gestalten möchte, abrollen. Farben kontrastreich wählen. Rollierbänder können kurz oder lang, je nach Fassungsvermögen des Pinsels, gerade oder geschwungen oder kreisförmig gestaltet werden, je nach Druck und Führung des Pinsels.
Siehe auch Abbildungen auf Seite 52.

Flachpinsel lassen sich besser in Längsrichtung einfärben.

Werden gerollte Farbbänder im Halbkreis geführt, ähneln sie Ananasscheiben.

● **Rollier-Technik gekippt**

Material und Werkzeug:
Pongé, Deka-Silk, Flachpinsel 36 mm und 60 mm.

So wird's gemacht:
Flachpinsel der Länge nach von beiden Seiten dreifarbig einfärben.

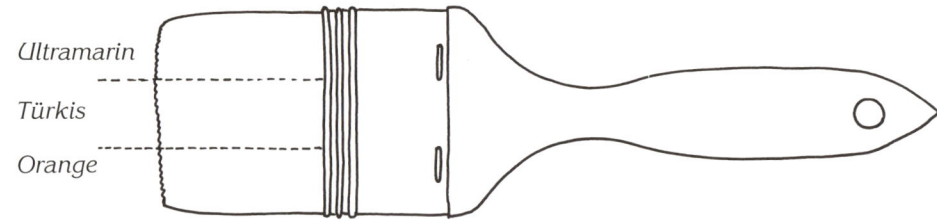

Er wird um seine Flachzwinge gekippt. Durch das große Fassungsvermögen dieser Pinsel lassen sich lange Bänder kippen.

Mit dem kleineren Flachpinsel können auch Kreisformen durch Kippen hergestellt werden. Siehe »Windrosen« auf Seite 60.

Wenn beim Kippen die Schmalseiten der Pinsel etwas länger auf der Seide verweilen, haben die dortigen Farben mehr Zeit ins Gewebe einzudringen und erzeugen Ausbuchtungen. So entsteht ein besonderer Effekt.

Mit dem Flachpinsel lassen sich auch kreisförmige Bänder kippen.

Girlandenartige Bänder entstehen, wenn man die Pinselkante beim Kippen etwas länger auf der Seide stehen läßt.

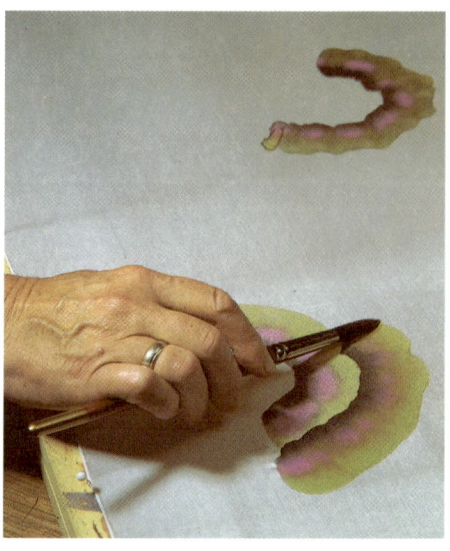

① *Das Doppelband besteht aus einem gezogenen und einem gerollten Pinselzug.*

② *Das girlandenartige Band entsteht durch Kippen. Eine kleine Verweildauer auf der Pinselkante bewirkt die Ausbuchtungen.*

③ *Der Aquarellpinsel faßt nicht viel Farbe. Für einen Halbkreis sollte sie aber reichen!*

④ *Von den trockenen Farbfeldern wird die Farbe des Hintergrundes auch ohne Begrenzungsmittel aufgehalten, wenn sie nicht zu massiv aufgetragen wird.*

Die Bänder erinnern an Ananasscheiben, weil sie halbrund sind und in Gelb liegen.

Techniken mit Farbgutta

Farblose wie auch farbige Gutta sind ursprünglich als Begrenzungsmittel gedacht. Sie werden auch häufig zur nachträglichen Verschönerung oder Präzisierung von Motiven eingesetzt. Hier werden Sie mit weiteren Möglichkeiten bekannt gemacht, die in diesem irisierenden und faszinierenden Farbmaterial stecken.

Das Ornament steht in direktem Bezug zu seinem Träger.

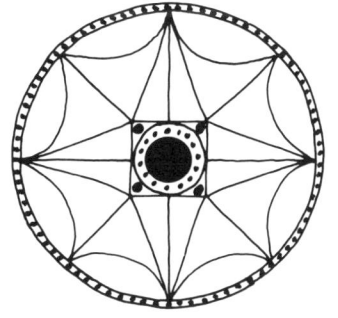

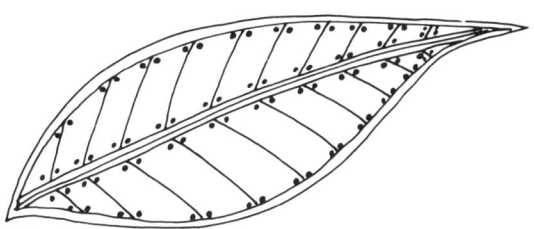

Ornament-Technik

Farbgutta ist hier Selbstzweck und kommt in allen verfügbaren Farbtönen als Linien und Punkte auf farbiger Doupionseide zum Einsatz.

Material und Werkzeug:
Doupionseide, Farbgutta in Fläschchen, Karton, Markierungsnadeln, Pergamentpapier.

So wird's gemacht:
Seide auf Karton spannen, Ornamente zeichnen, nach völligem Austrocknen von links oder unter Pergamentpapier bügeln.

Ornamente in direktem Bezug zum Ornamentträger betonen diesen in seiner spezifischen Gestalt. Siehe z.B. Zierdeckchen »Silberblume« auf Seite 61 links.

Ornamente in freiem Stil bewegen sich, angeregt durch die zugrundeliegende Malerei, frei und ungezwungen über sie hinweg.

Das Ornament bewegt sich frei über die Fläche.

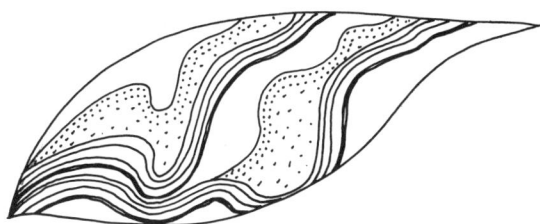

Kiwi-Technik

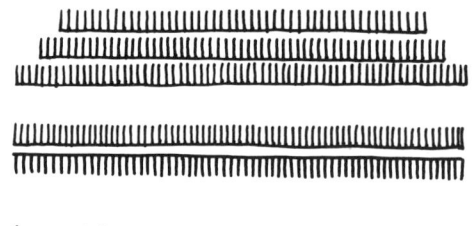

Eine füllige, ovale Guttalinie wurde wegen ihres Farbüberschusses nach innen verstrichen und ähnelte dann plötzlich einer aufgeschnittenen Kiwifrucht.

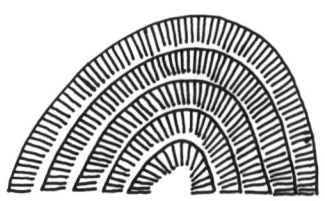

Material und Werkzeug:
Doupion oder Pongé, Farbgutta in Fläschchen, Karton oder Rahmen, Markierungsnadeln, Flachpinsel Größe 2, 4, 6, Pergamentpapier.

So wird's gemacht:
Seide aufspannen, gleichmäßig füllige Guttalinien ziehen, sofort mit dem Pinsel verstreichen. Ein kleinerer Pinsel gibt schmale, ein größerer breitere Fransenbänder. Eine oder mehrere horizontale, nach oben verstrichene Linien sehen aus wie Gras. Halbrunde, parallele, nach unten verstrichene Linien ergeben einen Hügel. Zwei entgegengesetzt verstrichene Linien eignen sich für Ornamente. Eine mit kleinem Pinsel nach beiden Seiten verwischte Linie steht, senkrecht angeordnet, für Grashalm oder Stengel. Ein nach außen verstrichener Kreis ähnelt Sonne, Stern oder Blume. Konzentrische Kreise, die man nach innen und nach außen verstreicht, lassen Strohblumen entstehen.

Aus diesen Grundmustern der Kiwi-Technik lassen sich ganze Bildkompositionen zusammensetzen.

Meist ist es zur Präzisierung eines Motivs nötig, verstrichene Guttalinien nachzuziehen, auch in einer anderen Farbe. Siehe Zierdeckchen »Runder Regenbogen« (Seite 61) und die Überraschungskissen (Seite 62f.).

GuMa-Technik

(**Gu**tta als **Ma**lfarbe)

Farbgutta wird hier nicht grafisch eingesetzt, sondern als Malfarbe verwendet. Daher der Name!

Material und Werkzeug:
Doupion (oder Pongé), Karton (oder Rahmen), Farbgutta im Fläschchen, Farbgutta im Glas, Flachpinsel diverser Größen, Markierungsnadeln, Pergamentpapier.

So wird's gemacht:
Seide aufspannen, Motiv übertragen, Konturen in passender Farbe als Guttalinie aufzeichnen, Motive malen, nach völligem Trocknen von links und zwischen Pergamentpapier bügeln.

Bei **flächendeckender Malerei** wird Gutta aus dem Glas wie Ölfarbe vermalt (siehe Kupfervase in »Blumen aus Mexiko« auf Seite 64f.).

Bei **modellierender Malerei** wird Gutta aus dem Fläschchen dosiert und gezielt aufgesetzt, naß in naß vermalt bzw. an Ort und Stelle gemischt. So hat man die Möglichkeit der Modellierung und Schattierung.

Wenn man Gutta aus dem Fläschchen auf trockene Farbfläche setzt, bleibt sie als linearer oder flächiger Farbakzent »stehen«.

Die Abbildung unten zeigt ein Beispiel.

Bei größerem Bedarf von gemischter Gutta wird diese auf einer Palette angerichtet. Menge knapp bemessen, lieber nachmischen, weil dann ein abweichender Mischton entsteht, der Leben in die Malerei bringt.

Die GuMa-Technik ermöglicht das Modellieren von Motiven und damit eine naturnahe Darstellung.

Kombinierte Techniken

Deka-Silk, Deka-Konturmittel, Deka-Perm und Deka-Deck-Perm sind Bügelfarben und deshalb kombinierbar. Aus den erweiterten technischen Möglichkeiten entstehen neue Ideen.

Stoffmalfarbe auf Seidenmalerei

Die deckende Stoffmalfarbe steht im Kontrast zur transparenten Seidenmalfarbe. Sie ermöglicht auch das Übermalen unschöner Stellen.

Material und Werkzeug:
Ist die Seidenmalerei unfertig oder teilweise mißglückt, nimmt man Deck-Permanent in diversen Farbtönen, »Gold« aus der Serie »Deka-Perm-Stoffmalfarbe« (weil dieses besser abdeckt als Goldgutta) Flachpinsel verschiedener Größen, Rahmen, Markierungsnadeln.

So wird's gemacht:
Seidenmalerei aufspannen, Stoffmalfarbe mit Pinsel aus den Gläschen holen, wenn nötig mit Wasser verdünnen und geschmeidiger machen, auf Seidenmalerei glatt vermalen. Für exaktes Malen Konturen mit passender Farbgutta anlegen, Motive mit Stoffmalfarbe ausmalen. Nach völligem Trocknen von links und zwischen Pergamentpapier bügeln.

Plastisch liegt die Stoffmalfarbe auf der Seidenmalerei.

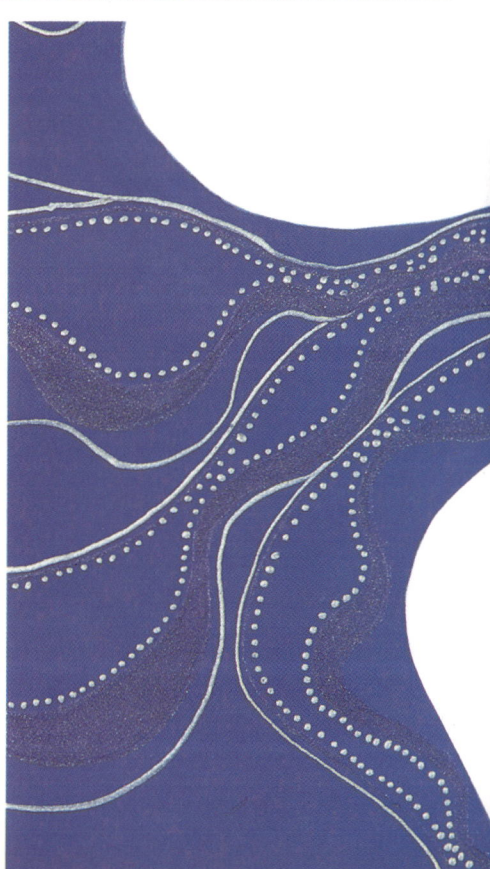

Farbgutta auf Stoffmalerei

Zur Belebung größerer einfarbiger Motive in Stoffmalfarbe eignet sich die Gutta-Ornament-Technik.

Material und Werkzeug:
Stoffmalfarbe, Farbgutta im Fläschchen, Rahmen, Markierungsnadeln.

So wird's gemacht:
Auf die trockene Stoffmalfarbe Gutta-Ornamente mit Linien und Punkten zeichnen. Nach völligem Trocknen von links bügeln. Sowohl auf die bemalte, als auch auf die Rückseite Pergamentpapier zum Schutz legen.

Eine mit Stoffmalfarbe gemalte Fläche wird mit Farbgutta belebt.

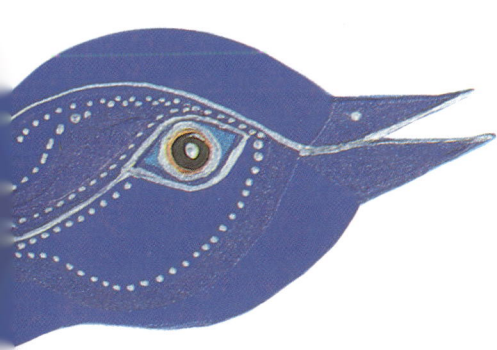

Farbgutta auf Marmorierungen

Die nicht exakt steuerbaren Marmorierungen lassen sich mit Hilfe der Ornament-Technik (Anleitung Seite 53) umranden, beleben oder präzisieren.

Material und Werkzeug:
Material für Marmorierarbeiten, Farbgutta im Fläschchen, Karton, Markierungsnadeln.

Marmorierungen können mit Farbgutta ihrer Umgebung angepaßt werden.

So wird's gemacht:
Marmorierung auf Karton spannen (kleines Format, relative Farbundurchlässigkeit der bemalten Seide!), in Ornament-Technik weiterführen, zwischen Pergamentpapier bügeln.

Applikationen

»Regenbogen«:
Applikation auf Bluse.

»Harlekin« und **»Auto«** sind Kinder-
motive zum beliebigen Applizieren
oder zum Verschenken.

*Mit Applikationen lassen sich »Kleider
von der Stange« in »Modellkleider«
verwandeln und Kindersachen in
Lieblingsstücke.*

Material:
Nicht zu dünne Seide, hellblau und
weiß, Farben siehe Foto.

Technik:
Kiwi-Technik, GuMa-Technik (siehe Seite 54). Übertragen des Entwurfs (auf die Seide, Applizieren
mit Vliesofix.

Die Vorlagen finden Sie auf Seite
125.

Krawatten und Fliege

Material:
Fertig genähte Krawatten aus Pongé, Twill, Satin, Crêpe de Chine, Seidenjacquard, 6,5 bis 9 cm breit. Fertig genähte Fliege mit Gebrauchsanleitung zum Auseinanderfalten und Zusammenfügen.

Technik:
Aquarell-Technik, Wattestäbchen-Maltechnik, Rollier-Technik gerollt, Ornament-Technik (Seite 50ff.).

Diese Krawatten bringen seidene Eleganz und eine wohltuende Farbigkeit in die Männermode.

Mit der Rollier-Technik läßt sich in kurzer Zeit ein ganzes Tuch farben-prächtig bemalen.

Tuch
»Windrosen«

Material und Werkzeug:
Fertig gesäumtes Pongé-Tuch
(90 x 90 cm), drei Einfüllpinsel,
zwei Flachpinsel (36 mm und
60 mm), Katzenzungenpinsel,
Wattestäbchen.

Technik:
Rollier-Technik gerollt, gekippt, ge-
zogen, Wattestäbchen-Maltechnik,
Aquarell-Technik (Seite 50ff.).

Schönes für die Wohnung

Es müssen nicht immer gleich neue Möbel sein, die eine Wohnung attraktiver machen. Oft genügen neue Farbakzente zur Anhebung des Wohlbefindens in den eigenen vier Wänden, zumal wenn die eigene Kreativität mit im Spiele ist.

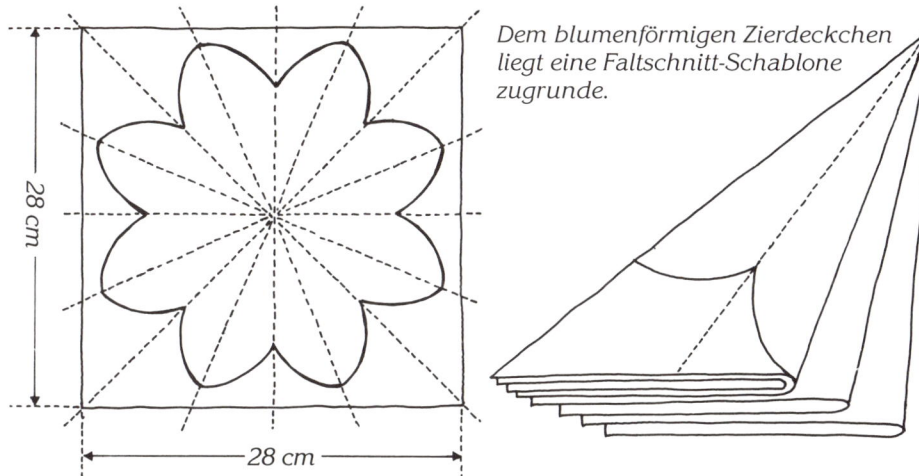

Dem blumenförmigen Zierdeckchen liegt eine Faltschnitt-Schablone zugrunde.

Zierdeckchen »Silberblume«

Material und Werkzeug:
Doupion silbergrau, Papier für Schablone.

Technik:
Ornament-Technik in direktem Bezug zum Ornamentträger (Seite 53).

Zierdeckchen »Runder Regenbogen«

Material und Werkzeug:
Doupion violett (24 cm im Durchmesser), Fleischteller als Schablone.

Technik:
Kiwi-Technik (Seite 54).

Die Deckchen müssen nicht gesäumt werden, weil die Guttalinien entlang der Außenkanten ein Ausfransen verhindern.

Überraschungskissen
»**Schmetterling**«
»**Pfau**«
»**Verliebtes Katzenpaar**«

Material und Werkzeug:
Doupion-Kissenhüllen, fertig
genäht (40 x 40 cm), Kissenfüllungen, leichter Karton (Fotokarton),
Flachpinsel der Größen 2, 4, 6.

Die Überraschung liegt immer auf der anderen Seite. Schmetterling mit geöffneten und zusammengeklappten Flügeln. Alle Vorlagen Seite 120f.

Der Pfau zur Hälfte...

bis zum Ende seines Schweifs.

Technik:
Kiwi-Technik (Seite 54), Übertragen des Entwurfs auf Doupion-
oder andere Seidenqualität, Ein-
schieben von Karton. Auf bündige
Übergänge an den Seiten achten!

Vorlagen auf Seite 118f.

*Das Katzenpaar von vorne und von
hinten.*

Der Wandbehang »Blumen aus Mexiko«

wird nun genauer erklärt. Er zeigt die Kombination verschiedener Techniken. Dadurch erhält er sein exotisches Flair.

Material:
Pongé 08, fertig gesäumt,
(90 x 90 cm), unbehandelt.

Werkzeug:
Zwei Aquarellpinsel der Größe 10,
Katzenzungenpinsel der Größe 2,
Flachpinsel der Größen 1, 6, 8, 12.

Farben:
Deka-Silk: Lachs, Pink, Scharlach,
Violett, Azur für die Blüten; Lachs,
Pink, Bordeaux, Türkis, Azur für
den Hintergrund.

Farbgutta: Kupfer und Grün im
Glas. Gold, Kupfer, Pink, Rot,
Violett, Blau, Grün und Schwarz
im Fläschchen.

Deka-Deck-Perm: Hellrot,
Karmesin, Braun, Mittelblau.

Technik:
Wasser-Blumen-Technik, Stoffmalfarbe auf Seidenmalerei, Farbgutta
auf Stoffmalerei, Ornament-Technik (Seite 44ff.)

Reich an Farben und Formen wie die mexikanische Folklore ist diese Malerei »Blumen aus Mexiko«.

So wird's gemacht:
Blütengruppe in freier Wasser-Blumen-Technik entstehen lassen. Gelungene Blüten belassen. Mißlungene Blüten mit Schwarz und Kupfer übermalen, Stengel und Blätter mit Guttalinien aufzeichnen, mit Braun bzw. grüner Gutta ausmalen. Teilweise gelungene Blüten werden eben nur stellenweise mit

Hellrot, Karmesin, Mittelblau und Braun übermalt. Mit Ornament-Technik Blütenflächen blumenartig verzieren. Blattadern mit grünen Guttalinien markieren, Kupfervase mit schwarzen Gutta-Ornamenten charakterisieren.
Tapetenstreifen mit blauer Gutta und Tischtuchstreifen mit violetter Gutta anlegen. Streifen ausmalen,

Hintergrund malen. Von links und zwischen Pergamentpapier nach völligem Trocknen fixieren.

Malen mit Glanz und Glitter

Zunehmender Beliebtheit erfreuen sich die Effektfarben, die erst seit wenigen Jahren auf dem Markt sind. Sie verleihen der Stoffmalerei zusätzlichen Glanz. Nicht nur Seide, auch Wolle, Leinen, Baumwolle und Viskose lassen sich damit bemalen. Marianne Heller-Seitz hat zauberhafte Motive entworfen, die alle ganz einfach nachzumalen sind.

Kleine Materialkunde

Stoffe

Mit Glanz und Glitter können Seide, Baumwolle und Viskose bemalt werden.

Wenn Sie Bügelfarben auf Viskose fixieren wollen, bitte mit Einstellung für Chemiefasern/Synthetics bügeln.

Achtung: Alle Stoffe müssen vor der Bemalung durch Waschen von der Appretur befreit werden, damit die Farben ungehindert in das Gewebe eindringen können. Speziell für diesen Zweck gibt es das Waschmittel *Deka-TextilFit.* Sie können genauso jedes Waschmittel ohne Weichspüler benutzen.

Farben

Alle hier verwendeten Farben sind bügelfixierbare Deka-Farben, die Farbbezeichnungen beziehen sich auf die Deka-Farbpalette. Entsprechende Farben anderer Hersteller können natürlich ebenso verwendet werden.

Deka-Silk, im folgenden »Silk« genannt, ist eine flüssige Seidenmalfarbe, die durch Bügeln 100 % licht-, wasch- und reinigungsecht wird. Sie ist wasserlöslich, die Pinsel (z. B. engl. Verwaschpinsel) können mit Wasser gereinigt werden. Die Farben sind untereinander mischbar. Neben kräftigen, leuchtenden Farbtönen gibt es eine große Palette reizvoller Pastelltöne. Silk trocknet schnell. Die Gläschen (45 ml) deshalb immer gut verschließen! Beim Fixieren soll die Bügeltemperatur (bezogen auf die Stoffart) hoch eingestellt werden. Waschbar bis 60 Grad Celsius.

Deka-Konturmittel farbig, im folgenden »Farbgutta« genannt, ist eine dickflüssige Farbsubstanz, die in Silber, Gold, Kupfer, Pink, Rot, Blau, Violett, Grün und Schwarz erhältlich ist. Mit Ausnahme von

Schwarz hat sie einen perlmuttartigen Glanz, der von synthetischen Metallglanzeffekt-Pigmenten herrührt. Sie ist in 30-ml-Spritzfläschen und 45-ml-Gläschen erhältlich und untereinander misch-

bar. Farbgutta wird unter Pergamentpapier durch Bügeln fixiert und ist danach 100 % licht- und reinigungsecht. Auf Seide waschecht bis 40 Grad, auf Baumwolle bis 60 Grad Celsius.

Deka-Silk (Mitte),
Deka-Konturmittel farbig (außen rechts),
Deka-Fun (oben links),
Deka-PermMetallic (oben rechts) und Deka-PermGlitter (unten links)

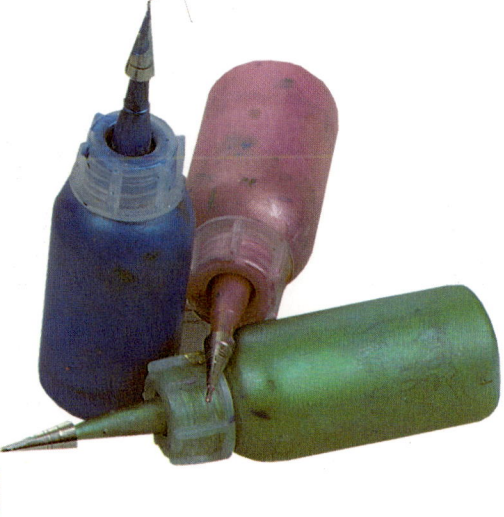

Deka-Fun, im folgenden »Fun« genannt, ist eine grafisch, also linear einzusetzende Relieffarbe mit Brillanteffekt. Werden mit ihr Punkte aufgesetzt, wirken sie wie Pailletten. Fun eignet sich nicht nur für

Textilien, sondern auch zum Dekorieren von Papier, Holz, Leder und Stein. Es ist elastisch, deckend, wasserlöslich und bedarf keiner Fixierung, um lichtecht und bis 30 Grad Celsius waschecht zu sein. Fun kann jedoch (bei möglichst niedriger Temperatur) gebügelt werden. Bei höheren Temperaturen verliert es seinen Brillanteffekt.

Fun ist in 30-ml-Spritzfläschchen erhältlich. Die Tüllenspitze muß mit einem scharfen, glatten Messer auf einer Unterlage sorgfältig eben abgeschnitten werden, für dünne Linien auf feinem Gewebe ca. 1 mm, für dicke Linien auf grobem Gewebe ca. 2 mm. Vor Gebrauch gut durchschütteln! Die Palette besteht aus 16 Farbtönen: Schneeflocke (weiß), Silberglanz (silber), Mondschein (Nachtleuchteffekt), Sonnenschein (goldgelb), Goldschatz (gold), Blütentraum (pink), Feuerball (rot), Violetta (blauviolett), Kaminzauber (karminrot), Herbstlaub (goldbraun), Südsee (azurblau), Nautica (marineblau), Meerjungfrau (blaugrün), Laubfrosch (grasgrün), Tannenwald (dunkelgrün), Mitternacht (schwarz).

Deka-PermMetallics, im folgenden »Metallics« genannt, ist eine auf Wasserbasis aufgebaute Stoffmalfarbe mit Perlglanzeffekt. Alle Metallic-Farbtöne sind untereinander mischbar. Sie eignen sich für Stoffe jeder Art, auch für dunkle, da sie eine gute Deckfähigkeit besitzen. Sie werden mit einem Flachpinsel aus abgerundetem Synthetikhaar aus dem Gläschen (20 ml) direkt auf den Stoff aufgetragen. Farbe vorher aufrühren! Nach der Bügelfixierung sind Metallicfarben lichtecht, reinigungsbeständig und waschecht bis 40 Grad Celsius. Die Palette hat zwölf Farbtöne.

Deka-PermGlitter, im folgenden »Glitter« genannt, ist eine dickflüssige Stoffmalfarbe mit Glittereffekt.

Die Palette besteht aus zwölf Farben, erhältlich in 20-ml-Gläschen. Die Farben sind deckend und deshalb auch auf dunklen Stoffen anwendbar. Alle Farben sind untereinander mischbar. Vor Gebrauch aufrühren und mit einem Flachpinsel aus geraden Naturborsten gleichmäßig vermalen. Nicht mehrschichtig auftragen, da der unmittelbare Kontakt mit dem textilen Untergrund notwendig ist.

Nach dem Bügelfixieren ist Glitter geschmeidiger als zuvor, lichtecht, waschecht bis 30 Grad Celsius, aber nicht reinigungsbeständig!

Die einzelnen Farbtöne der jeweiligen Farbsorten können untereinander gemischt werden. Die verschiedenen Farbsorten können jederzeit an einem Projekt verwendet werden.

Wenn *DekaFun* mitverwendet wird, müssen die Stoffmalfarben bügelfixiert werden, bevor mit *DekaFun* weitergearbeitet wird.

Für die Schönheit und Echtheit der Farben bei der Malerei mit Glanz und Glitter ist es sehr wichtig, daß die Seiden- und Baumwollstoffe vor der Bemalung durch Waschen von ihrer Appretur befreit werden! Dies wird im folgenden vorausgesetzt und deshalb nicht mehr erwähnt.

Wichtige Handgriffe

Einsäumen

Material und Werkzeug:
Seiden- oder Baumwollstoffe, Nähgarn, feine Nähnadel mit scharfer Spitze, Stecknadel, Stoffschere

So wird's gemacht:
Saum möglichst schmal mit der Nähnadel zweimal umbörteln, von unten durch die Umbörtelung nach oben stechen, die darunterliegende Stofflage mit einem kurzen Stich fassen, die Nadel unter der Umbörtelung weiterführen, nach oben durchstechen usw. Mit der Stecknadel den Saum zur Arbeitserleichterung beispielsweise am Hosenbein feststecken.

Seide wird per Hand gesäumt.

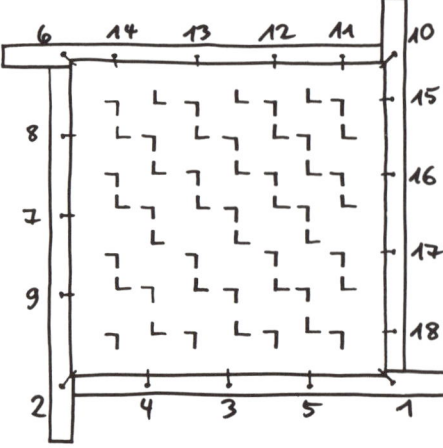

Aufspannen mit System verhindert Furchenbildung.

Aufspannen auf den Rahmen

Material und Werkzeug:
Fertig gesäumte oder selbst gesäumte Seide oder Baumwolle, Spannrahmen, Markierungsnadeln, Dreizackstifte

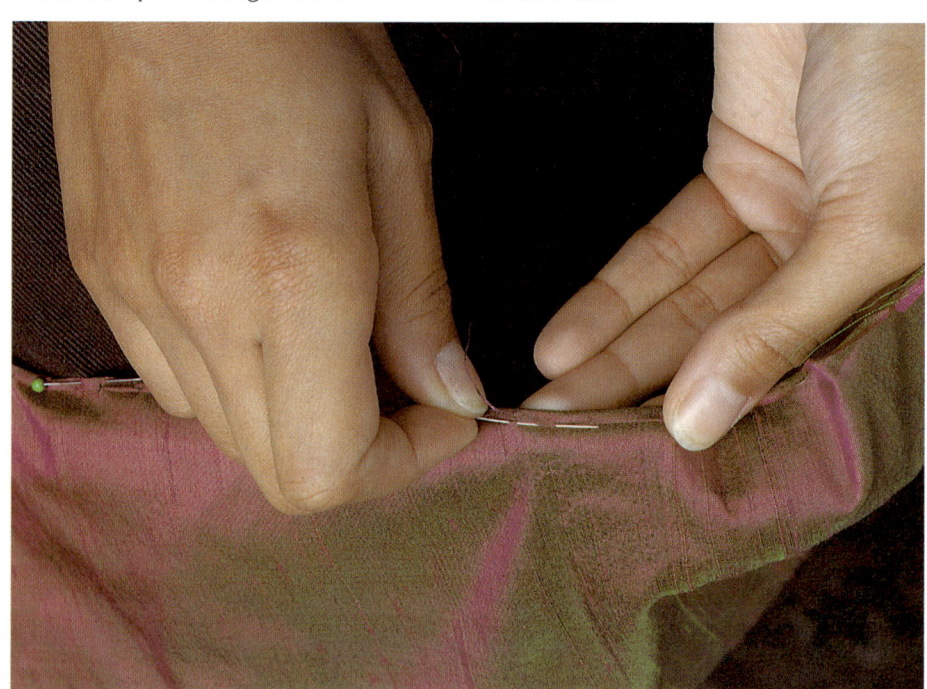

Eine Stoffkante wird parallel zum Rahmen gespannt.

Eine angrenzende Stoffkante wird gespannt.

Die vierte Ecke wird festgespannt.

Die Nadeln der dritten und vierten Stoffkante werden zu denen der ersten und zweiten Stoffkante versetzt eingestochen.

So wird's gemacht:
Rahmen genau auf die Größe des Stoffstückes einstellen, dabei möglichst nur den Saum parallel auf den Rahmen legen. Markierungsnadel durch den Saum einer Stoffecke stechen, auf einer Rahmenecke einstechen, angrenzende Stoffecke mit einer Markierungsnadel fest anspannen und in der zweiten Rahmenecke festmachen. Gespannte Strecke im Saum in regelmäßigen Abständen festpinnen, dritte Stoffecke straff auf die Rahmenecke spannen, wieder festpinnen, letzte Ecke festmachen, die dritte und vierte Stoffkante mit

So wird Furchenbildung vermieden. Die Stofffläche ist straff gespannt.

So wird's gemacht:
Malobjekt auf die Pappe legen, mit schräg eingestochenen Nadeln feststecken oder spannen (ohne die Pappe zu durchstoßen!). Längliche Formate etappenweise aufspannen.

Nicht rechteckig geformte Textilobjekte werden auf Pappe festgesteckt.

Einschieben von Karton

Material und Werkzeug:
Kissenhüllen, Taschen, Blusen, T-Shirts, Tonpapier, Haushaltsschere, Alleskleber, Stecknadeln

So wird's gemacht:
Tonpapier auf gewünschtes Format zuschneiden bzw. zusammenkleben, in Bluse, T-Shirt o. ä. schieben, bei Kissenhüllen in der Mitte falten, in die Hülle schieben, auseinanderklappen, mit Stecknadeln festhalten. Auf Pappe spannen (schont auch die Rückenteile).

Die Rückenteile fertig genähter Textilobjekte werden durch eingeschobenen Karton vor Farbe geschützt.

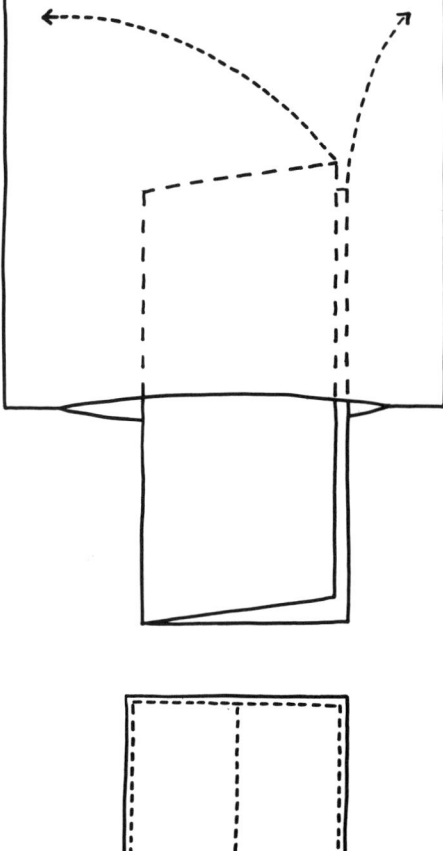

Die Säume werden mit Markierungsnadeln, die Stoffflächen mit Dreizackstiften angepinnt.

zu der ersten und zweiten Stoffkante versetzten Einstichstellen straff spannen, um Furchenbildung zu vermeiden. Wenn der Stoff größer ist als der Rahmen, werden die Markierungsnadeln nur für die Säume und die Dreizackstifte für die Gewebefläche benutzt.

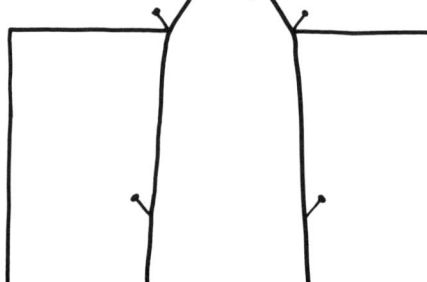

Aufspannen auf Pappe

Material und Werkzeug:
Kleine oder unregelmäßig geformte Textilobjekte aus dichtem Gewebe oder mit Futter, finnische Holzpappe in handlicher Größe (Reste vom Rahmengeschäft!), Markierungsnadeln

Übertragen der Vorlage auf helle, durchscheinende Stoffe

Material und Werkzeug:
Helle, durchscheinende Seide oder Baumwolle, Vorlage, Sublimatstift, Tesafilm, Bügeleisen

So wird's gemacht:
Vorlage auf Arbeitstisch festkleben, gebügelte Seide oder Baumwolle darüberlegen, rundum festkleben, Vorlage mit Sublimatstift nachzeichnen.

Übertragen der Vorlage auf undurchsichtige Stoffe

Material und Werkzeug:
Undurchsichtige helle oder dunkle Seide oder Baumwolle, Vorlage, weißes oder gelbes Durchschreibepapier (bei dunklen Stoffen), Kohlepapier (bei hellen Stoffen), Bügeleisen, Kugelschreiber, Stecknadeln, alte Zeitungen

So wird's gemacht:
Stoff mit Vorderseite nach oben auf einen glatt gebügelten Zeitungsstoß legen, mit Stecknadeln fixieren, Durchschreibepapier bzw. Kohlepapier mit Farbseite nach unten darüberlegen, mit Stecknadeln fixieren, Vorlage darauflegen, wieder mit Stecknadeln fixieren und das Motiv mit Kugelschreiber kräftig durchpausen.

Fixieren

Material und Werkzeug:
Völlig getrocknete Malerei, Bügeldecke, Pergamentpapier, Bügeleisen

So wird's gemacht:
Pergamentpapier auf die Bügeldecke legen, darauf die Malerei mit Vorderseite nach oben, darüber

Malereien mit Glanz und Glitter werden zwischen zwei Bögen Pergamentpapier fixiergebügelt.

wieder Pergamentpapier, mit entsprechender Temperatureinstellung (Achtung: Bei Fun-Farben möglichst niedrig halten!) Malerei ca. drei Minuten fixierbügeln. Eventuelle Bügelknicke ganz leicht anfeuchten und ausbügeln.

Fransen ziehen

Material und Werkzeug:
Pongé- oder Doupionseide, Stecknadel

So wird's gemacht:
Stoffränder ohne Webkante: Schußfäden in der Mitte der auszufransenden Strecke mit der Nadelspitze einzeln fassen und nacheinander sorgfältig und vollständig

Fransen ziehen bei Stoffrändern ohne Webkante

Fransen ziehen bei Stoffrändern mit Webkante

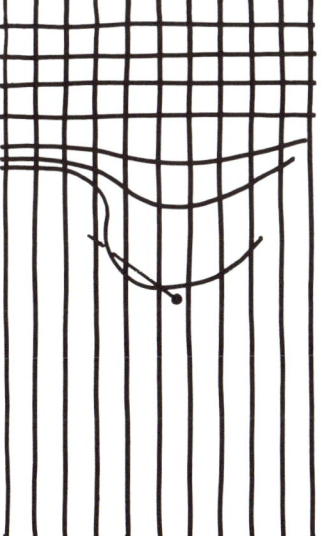
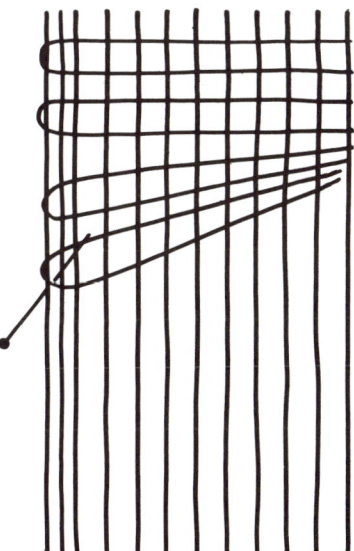

aus dem Gewebe ziehen. Stoffränder mit Webkante: Schußfadenschlaufen in der Webkante einzeln fassen, nacheinander sorgfältig und vollständig aus dem Gewebe ziehen. Ab und zu Fadenknäuel von der Nadel streifen.

Fransen flechten

Material und Werkzeug:
Pongé- oder Doupionseide, Spannrahmen, Markierungsnadeln

So wird's gemacht:
Fransen lange genug ausziehen (verlieren beim Flechten ca. 1/6 an Länge), Fransenkante mit Markierungsnadeln auf eine Rahmenleiste spannen, je drei gleich starke Fransenstränge zu Zöpfchen flechten, Enden verknoten.

Das Aufspannen gibt den nötigen Halt beim Fransenflechten.

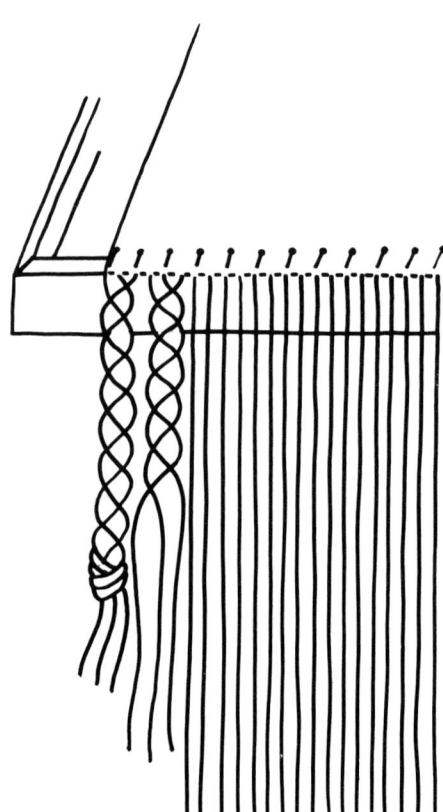

Eine gerahmte Malerei wird zu einem vollgültigen Bild.

Das Feststecken einer Malerei auf einer Tapetenwand ist die einfachste Methode der Präsentation.

Präsentation von Wandbehängen

Gerahmt
Seidenmalereien gewinnen sehr an Wirkung, wenn sie auf weiße Pappe aufgezogen und ohne Glas und Passepartoutrahmen wie ein Ölbild in einen farblich abgestimmten (Metall-)Rahmen kommen – am besten aus einem Rahmengeschäft.

Gepinnt
Die einfachste Aufmachung bei weißer oder heller, ungemusterter Tapete ist das Feststecken und Spannen mit Markierungsnadeln.

Gehängt
An der oberen und unteren Kante des Wandbehangs werden Durchzüge umgenäht und Rundholzstäbe durchgeschoben. Der obere Stab hängt auf zwei Nägeln.

Durchzüge mit Rundholzstäben geben einer Malerei den nötigen Halt und machen sie zum Wandbehang.

Falten kleiner Briefchen

Material und Werkzeug:
Farbiges Offsetpapier, Haushaltsschere

So wird's gemacht:
Offsetpapier in postkartengroße Rechtecke zerschneiden, längere Seite unterhalb der Mitte falzen, hochklappen, überstehenden Rest zu Lasche spitz zuschneiden und umbiegen.

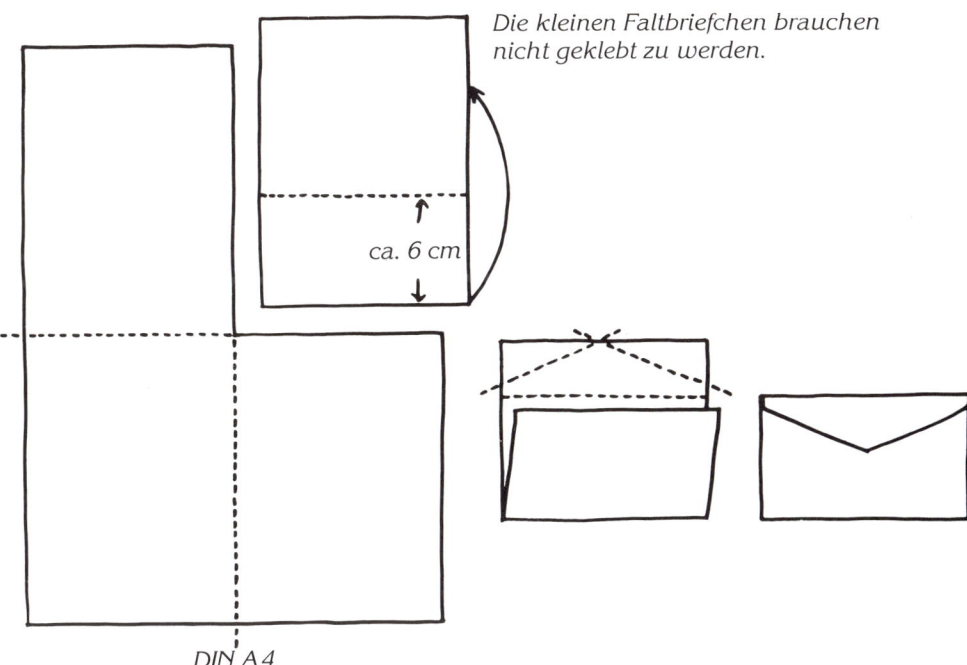

Die kleinen Faltbriefchen brauchen nicht geklebt zu werden.

ca. 6 cm

DIN A 4

Pflege

Waschen
Alle hier vorgestellten Malereien mit Glanz und Glitter auf Seide und Baumwolle sind waschbar unter Verwendung bewährter Feinwaschmittel. Nicht wringen, bürsten, reiben oder schleudern! Mehrmals spülen, bei Seide mit einem Schuß Essig im letzten Spülbad, tropfnaß aufhängen.

Waschtemperaturen für:
Fun: 30 Grad Celsius
Glitter: 30 Grad Celsius
Farbgutta: 60 Grad Celsius
Metallics: 40 Grad Celsius
Silk: 60 Grad Celsius

Bei Verwendung mehrerer Farbgattungen auf derselben Malerei muß die Waschtemperatur auf die empfindlichste Farbgattung eingestellt werden.

Reinigen
Silk: reinigungsecht
Farbgutta: reinigungsecht
Metallic: reinigungsecht
Fun: nicht reinigungsbeständig
Glitter: nicht reinigungsbeständig

Bügeln
Nach dem Waschen zur Appreturentfernung aus Seide und Baumwolle: gut feucht mit möglichst hoher Temperatureinstellung in direktem Kontakt bügeln (Bügelprobe auf entsprechendem Stoffrest machen!), eventuelle Bügelknicke ganz leicht anfeuchten und ausbügeln.

Nach dem Waschen bemalter Seide und Baumwolle: in trockenem Zustand Malerei mit Vorderseite nach oben auf Bügeldecke o. ä. legen, Pergamentpapier darüber und bei entsprechender Temperatur glattbügeln. Bei Verwendung von Fun und Glitter muß die Temperatur möglichst niedrig gehalten werden (analog zur Waschtemperatur s. o.). Bei Verwendung mehrerer Farbgattungen auf derselben Malerei richtet sich die Bügeltemperatur nach der empfindlichsten Farbgattung.

Diesen zauberhaften Schmetterling gibt's als unbemalten Rohling im Bastellhandel. Zum Bemalen auf Pappe feststecken (siehe auch Anleitung auf Seite 72 und 116/Glocken).

Maltechniken

Farbauftrag mit Wattebäuschen

(Als matter Kontrast im Hintergrund in Verbindung mit Glanz- und Glitterfarben)

Material und Werkzeug:
Pongé, Watte, Silk, Einweghandschuhe, Flachpinsel aus Borsten (zum Krümelfegen), Plastiktüte, Küchenpapier

So wird's gemacht:
Aus Watte einen Knäuel formen, der in die Farbglasöffnung paßt, Wattebausch minimal anfeuchten, auf Küchenpapier abtupfen, Einweghandschuhe anziehen, Farbglasrand wenn nötig mit Küchenpapier von Schlieren reinigen, Wattebausch leicht in die Farbe tauchen, Farbe durch kreisförmiges Reiben auf den Stoff auftragen, Ausdehnung der Farbe beobachten und einkalkulieren, wenn nötig Farbkrümel (bevor sie antrocknen) mit dem Borstenpinsel wegkehren. Gebrauchte Wattebäusche für weitere Verwendung und kurze Zeit in Plastiktüte aufbewahren.

Malen mit dem Verwaschpinsel

Material und Werkzeug:
Pongé, Silk, Küchenpapier, Verwaschpinsel, Wattestäbchen

So wird's gemacht:
Pinsel in klarem Wasser anfeuchten, auf Küchenpapier überschüssige Feuchtigkeit abtupfen, Farbglasrand wenn nötig mit Küchenpapier von Schlieren reinigen, Pinsel mit Farbe füllen, überschüssige Farbe am Glasrand abstreifen, kleine Flächen und Engstellen mit Pinselspitze und wenig Druck, große Flächen mit vermehrtem Druck bemalen. Ausdehnung der Seidenmalfarbe beobachten, evt. Farbe

Der Wattebausch paßt in die Glasöffnung.

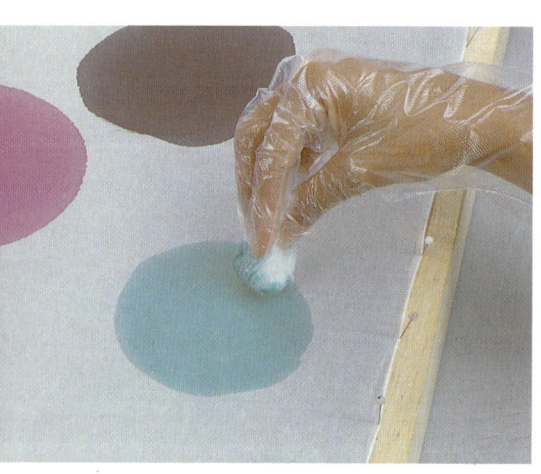

Mit kreisförmigen Bewegungen wird die Farbe aufgetragen.

Engstellen werden mit der Pinselspitze bemalt.

Leichter Druck auf den Haartuff verbreitet den Farbauftrag.

Die Seitenfläche des Haartuffs ermöglicht einen großflächigen Farbauftrag.

nachliefern oder zuviel Farbe mit Wattestäbchen aufsaugen, entstehende Farbränder verreiben (mit Wattestäbchen), mit dem flach gelegten Pinsel zügig einfärben.

Abbinde-Technik

Material und Werkzeug:
Pongé, Satin, Doupion, Nähgarn, Silk, Rundpinsel, Haushaltsschere, Papierstreifen, zweiter Malbecher mit sauberem Wasser, Bügeleisen

So wird's gemacht:
Stoffzipfel beliebiger Größe und in beliebigen Abständen am »Hals« und am »Bauch« zu Männchen abbinden, verknoten, den »Kopf« z. B. mit Gelb ausreichend versorgen, so daß die Farbe bis zur Abbindung herunterfließt. »Bauch« ringsum satt z. B. mit Blau einfärben, darauf achten, daß Männchen nicht umfällt (evtl. Papierstreifen als Stütze darunterschieben). Rings um die Männchen klares Wasser auftragen, die Wasserringe z. B. mit Aubergine leicht einfärben. Die Farbe wird von den trockenen und feuchten, den mehr oder weniger abgebundenen oder gerafften Stoffstellen unterschiedlich angenommen. Das macht den Reiz dieser Technik aus.

Völlig trocknen lassen, auch wenn es noch so lange dauert! Notfalls mit Fön nachhelfen. Dann erst Abbindungen aufschneiden und Malerei glattbügeln. Bei größeren oder komplizierten Stoff- bzw. Kleidungsstücken empfiehlt sich ein etappenweises Vorgehen, wobei der nächste Schritt erst dann unternommen werden darf, wenn die Farben trocken sind.

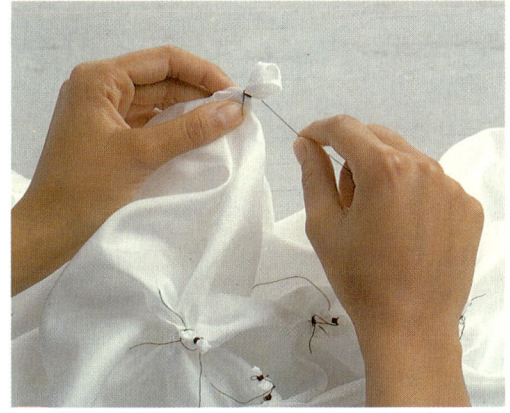

Mit Nähgarn wird ein Seidenzipfel abgebunden.

Der Kopf des »Männchens« wird mit dem Rundpinsel eingefärbt.

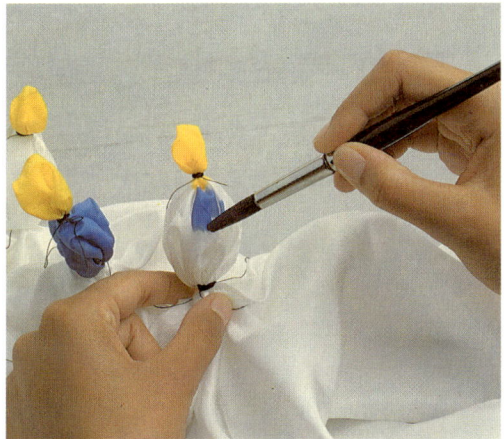

Der Bauch der »Männchen« wird mit dem Rundpinsel eingefärbt.

Um jedes »Männchen« wird ein Ring klaren Wassers aufgetragen.

Auf diese Wasserringe wird mit lockerer Hand Farbe aufgebracht.

Nach dem Trocknen werden die Abbindungen gelöst.

Malen und Zeichnen mit Farbgutta

Farbgutta wird hier nicht nur als Begrenzungsmittel, sondern auch als flächendeckende Malfarbe verwendet. Mehr über die »GuMa-Technik« (**Gu**tta als **Ma**lfarbe) erfahren Sie auf Seite 54.

Material und Werkzeug:
Seide oder Baumwolle (weiß oder gefärbt), Gutta im Glas, Gutta im Fläschchen mit Metallfeder, Flachpinsel in Katzenzungenform, finnische Holzpappe/feste Pappe, Spannrahmen, Markierungsnadeln, alte Zeitungen, Pergamentpapier, Bügeleisen

So wird's gemacht:
Vorlage übertragen, Textilobjekt auf Holzpappe feststecken bzw. auf Rahmen spannen, Motive mit der Metallfeder linear nachzeichnen, mit Flachpinsel Gutta aus dem Glas (bei kleineren Mengen aus dem Fläschchen) nicht zu üppig auf die Formen setzen und gleichmäßig vermalen. Trocknet nicht so schnell wie Silk! Gefahr des Verwischens!

Nach Bedarf die eine oder andere Kontur in derselben oder einer anderen Farbe noch einmal nachziehen oder an einer neuen Stelle der Malerei mit Linien und Punkten Akzente setzen. Guttalinien vorher auf Zeitungspapier ausprobieren! Wenn völlig trocken, zwischen Pergamentpapier bügelfixieren.

Hier wird Farbgutta sowohl linear als auch flächig eingesetzt.

Malen mit Metallicfarben

ähnelt dem Malen mit Farbgutta und bringt zusätzliche Farbtöne mit Perlglanzeffekt auf die Palette.

Material und Werkzeug: Seide oder Baumwolle (weiß oder eingefärbt) Metallics, Flachpinsel Synthetik, finnische Holzpappe oder Spannrahmen, Markierungsnadeln, Rundholzstäbchen, Palette, Pergamentpapier, Bügeleisen

So wird's gemacht:
Vorlage übertragen, Textilobjekt aufspannen, Farbe aufrühren, mit Pinsel aus dem Glas holen, gleichmäßig vermalen. Bei Bedarf (z. B. Fensterschabracke »Heckenrosen«) Metallicfarben auf einer Palette mischen. Menge knapp bemessen, um Eintrocknen zu vermeiden und durch verschiedene Nachmischungen Leben in die Malerei zu bringen. Gut trocknen lassen und zwischen Pergamentpapier bügelfixieren.

Malen mit Glitter

ist eine Frage der richtigen Dosierung und der Kombination mit zurückhaltenderen Farbtypen.

Material und Werkzeug:
Seide oder Baumwolle (weiß oder eingefärbt), Glitter, Flachpinsel aus Naturborsten, finnische Holzpappe oder Spannrahmen, Markierungsnadeln, Rundholzstäbchen, Pergamentpapier, Bügeleisen

So wird's gemacht:
Vorlage übertragen, Textilobjekt aufspannen, Farbmasse im Glas aufrühren, mit Pinsel die pastenartige Farbmasse auftragen, gleichmäßig verstreichen, sodaß die Glitterpartikel sich gut verteilen. Konturen gegebenenfalls mit Farbgutta vor- oder auch nachzeichnen. Nach völligem Trocknen (erfolgt relativ rasch) zwischen Pergamentpapier bügelfixieren.

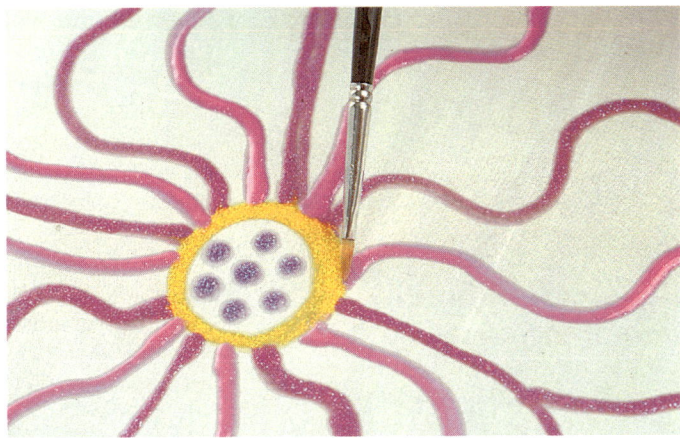

Mit Fun werden möglichst gleichmäßige Schnüre gezogen.

Material und Werkzeug:
Seide oder Baumwolle (weiß oder eingefärbt), Fun, Spannrahmen, Markierungsnadeln, alte Zeitungen

Farbüberschuß wird mit einem kleinen Flachpinsel vorsichtig abgehoben.

Zeichnen mit Fun

Fun direkt aus der Spritzflasche ergibt reliefartig erhabene Linien und Punkte mit Brillant- bzw. Pailletteneffekt. Fun ist nicht für Flächen gedacht!

So wird's gemacht:
Vorlage übertragen (oder frei zeichnen), Stoff aufspannen, Farbmasse im Fläschchen gut durchschütteln, Linien auf Zeitungspapier ausprobieren, auf dem Stoff lückenlos zusammenhängende, möglichst gleichmäßig dicke »Schnüre« ziehen (damit Silk nicht auslaufen kann). Ansatzverdickungen sind kaum zu vermeiden. Sollte zuviel Masse ausgelaufen sein, kann der Überschuß mit einem kleinen Flachpinsel abgetupft werden, vor allem dort, wo mehrere Linien und verschiedene Farben zusammentreffen. Nach dem Trocknen (kann ein paar Stunden dauern) gegebenenfalls mit Silk weiterarbeiten. Fixierbügeln nicht notwendig.

Stäbchen-Technik

Die Stäbchen-Technik ermöglicht auf einfache Weise effektvolle Strukturen.

Material und Werkzeug:
Kunstseide oder Satin, Glitter, Flachpinsel mit Naturborsten, Rundholzstab mit ca. 3 mm Durchmesser (oder Schaschlikspießchen) bis zu 30 cm lang, Spannrahmen, Markierungsnadeln, Pergamentpapier, Bügeleisen

Ein Rundholzstäbchen wird mit Hilfe eines Flachpinsels mit Glitterfarbe eingestrichen.

Das Stäbchen wird unter Druck flach über die Seide hin- und herbewegt und gleichzeitig nach unten abgezogen.

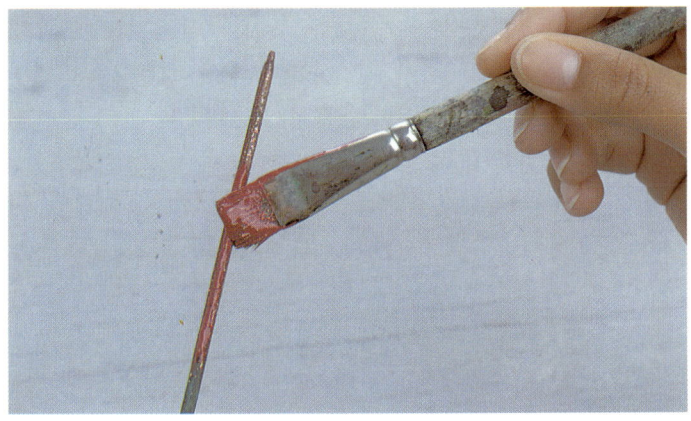

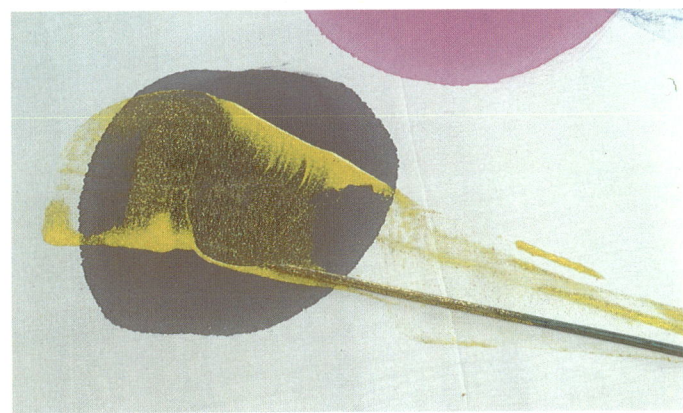

Glänzende Ideen zum Nachmachen

Fensterschabracke »Heckenrosen«

Idee:
Statt Gesticktem einmal selbst Gemaltes in die Küche hängen.

Material und Werkzeug:
Baumwollschabracke 144 x 50 cm plus Nahtzugaben, Nähgarn, Farben (Silk: Zitron, Mandarin, Pistazie für die Blütenmitten; Gutta im Fläschchen: Kupfer, Zink, Rot, Grün; Metallic: Pink, Grün, Gelb + Grün, Kupfer + Grün, Blau + Grün, Schwarz + Grün, Rot + Schwarz), Nähmaschine, Spannrahmen, Markierungsnadeln, Dreizackstifte, Bleistift, Palette, Flachpinsel, Verwaschpinsel

So wird's gemacht:
Baumwolle waschen, glattbügeln, säumen, obere Kante umnähen zum Durchschieben einer Vorhangstange. Schabracke etappenweise aufspannen, für Binnenflächen Dreizackstifte verwenden. Motiv mit Bleistift vorzeichnen. Mit entsprechender Farbgutta nachzeichnen und die Flächen mit entsprechenden Metallicfarben bzw. Silk bemalen. Metallictöne auf Palette mischen!

Drei Heckrosenarten sind fast naturgetreu mit Metallics und Farbgutta auf Baumwolle gemalt.

Brillenhülle »Ägyptisches Auge«

Vorlage auf Seite 127

Idee:
Das ägyptische Lichtsymbol »Auge« als Blickfang

Material und Werkzeug:
Brillenhülle aus Seide fertig genäht, Farben (Gutta im Fläschchen: Gold, Kupfer; Glitter: Silber, Gold, Pink, Rot, Blau, Grün, Confetti), finnische Holzpappe, Markierungsnadeln, Kohlepapier, Kugelschreiber, Flachpinsel

So wird's gemacht:
Vorlage übertragen, Brillenhülle auf Pappe feststecken, mit Gutta Konturen nachzeichnen, mit Glitter Flächen ausfüllen.

Ägyptische Symbole als Augenschmaus

Dieses Foto können Sie auf Transparentpapier abpausen, vergrößern und als Vorlage verwenden.

Wandbehang »Zirkus«

Vorlage (Details) Seite 127

Idee:
Glanz und Glitter passen zur
Scheinwelt des Zirkus.

Material und Werkzeug:
Pongé 08 ca. 90 x 90 cm, Farben
(Silk: Gelb, Orange, Scharlach,
Pink, Violett, Azur, Türkisgrün,
Mint; Gutta im Fläschchen: Silber,
Gold, Kupfer, Pink, Rot, Violett,
Blau, Grün, Schwarz; Metallic:
Weiß, Rosa, Rot, Blau, Grün; Glit-
ter: Silber, Goldgelb, Pink, Rot,
Blau, Violett, Türkis, Confetti),
Spannrahmen, Markierungsnadeln,
Blei-/Sublimatstift, Verwaschpinsel,
Flachpinsel

So wird's gemacht:
Seide auf Rahmen spannen, Motiv
frei mit Bleistift-/Sublimatstift aufzeichnen. Konturen mit Gutta
nachzeichnen (Clowns, Elefanten,
Bälle etc.), Vorhang und Balustradenteile teils mit Metallicfarbe, teils
mit Glitter malen (Flachpinsel
benutzen!), Manege und restliche
Balustradenteile mit Silk und
Verwaschpinsel ausmalen.

*Das typische Clowngesicht (oben)
entsteht mit schwarzer Gutta.*

*Für lineare Details eignet sich Farb-
gutta, für die Glitzerwelt des Zirkus
die Glitterfarbe.*

Die Konturen des Einhorns sind mit roter Gutta, die der Pflanzen mit diversen Fun-Farben gezeichnet.

Innerhalb der blauen Blütenblätter schlängeln sich blaue Guttalinien, um eine größere Vielfalt an blauen Silktönen zu ermöglichen.

Wandbehang »Einhorn«

Idee:
Die paillettenartig glitzernden Fun-Konturlinien eignen sich für märchenhafte Themen.

Material und Werkzeug:
Pongé 08 ca. 90 x 90 cm, Farben (Silk: Mandarin, Rose, Pink, Scharlach, Pflaume, Aubergine, Violett, Eisblau, Lavendel, Rittersporn, Azur, Blau, Ultramarin, Mint, Pistazie, Maigrün, Grün, Dunkelgrün, Türkisgrün, Türkis; Fun: Goldschatz, Sonnenschein, Blütentraum, Feuerball, Südsee, Laubfrosch, Tannenwald; Gutta im Fläschchen: Blau für Tulpenadern, Rot für Einhorn und Wölkchen), Spannrahmen, Markierungsnadeln, Sublimatstift, Verwaschpinsel, Flachpinsel Gr. 2, Zeitungspapier

So wird's gemacht:
Motiv mit Sublimatstift auf der gespannten Seide vorzeichnen. Motive mit Fun bzw. Gutta sorgfältig, gleichmäßig und geschlossen nachzeichnen, mit Fun vorher auf Zeitungspapier Strichansätze üben, notfalls überschüssige Farbmasse an den Ansätzen oder beim Zusammentreffen mehrerer Linien mit dem Flachpinsel abheben, gut (einige Stunden) trocknen lassen, mit Silk Motive ausmalen, Einhorn und Wölkchen frei lassen.

Achtung: Wenn überhaupt, dann bei niedrigster Temperaturstufe bügeln!

Die rechte Abbildung können Sie gut mit dem Fotokopierer als Malvorlage vergrößern.

Malen auf der Glasplatte

Ute Patel-Missfeldt malt am liebsten Bilder, Muster und Ornamente,
die von Jugendstil und Art Deco beeinflußt sind.
Die Künstlerin hat eine eigene Technik entwickelt: Sie spannt
die Seide nicht auf einen Rahmen, sondern auf eine Glasplatte.

Ornamentale Motive wie diesen
zarten Schmetterling zaubern Sie
mit Ute Patel-Missfeldts Glasplat-
tentechnik auf schillernde Seide.

Hätten Sie gedacht, daß dieses Bild
nur mit drei Farbtönen (fuchsia,
königsblau, sonnengelb) gemalt
wurde?

Material und Maltechnik

Farben

Ich arbeite grundsätzlich mit den traditionellen Seidenmalfarben, die mit Alkohol oder Wasser verdünnt und im Schnellkochtopf oder Fixiergerät nach dem Malen dampffixiert und damit haltbar und waschbeständig gemacht werden.

Natürlich können Sie auch mit Bügelfarben arbeiten: Das sind Farben, die durch Überbügeln mit dem Bügeleisen haltbar gemacht werden. Diese haben aber aus meiner Sicht gravierende Nachteile: Sie sind nicht so brillant wie dampffixierbare Farben und lassen sich nicht eintrocknen. Damit sind auch eine schöne Schattierung oder feine Linien ausgeschlossen. Für den Anfang genügt ein Grundsortiment in den Farbtönen Rot, Blau, Gelb, Schwarz, Türkis und Lila. Daraus lassen sich alle Zwischentöne mischen. Mit den Produkten der Firmen Avantgarde, Awiseta, Dupont, Schjernings und Seidicolor habe ich sehr gute Erfahrungen gemacht; selbstverständlich kann aber auch jede andere dampffixierbare Farbe verwendet werden.

Konturenfarben

Für Malereien nach meiner Technik brauchen Sie auch eine gute, wasserlösliche Konturenfarbe. Ich bevorzuge persönlich farbige Kon-

turenmittel, denen ich bei Bedarf Bronzepulver in Hellgold oder Dunkelgold, Kupfer oder Silber beimische. Die Produkte der Marke Javana plus Kreul Bronzepulver eignen sich für diese Mischung besonders. Es gibt aber auch ein fertiges, sofort zu gebrauchendes Gold (Waco sun color), das sehr schön in einem Konturenmaler fließt. Für farbige Konturen in allen Tönen eignet sich besonders Seidicolor-Konturenfarbe.

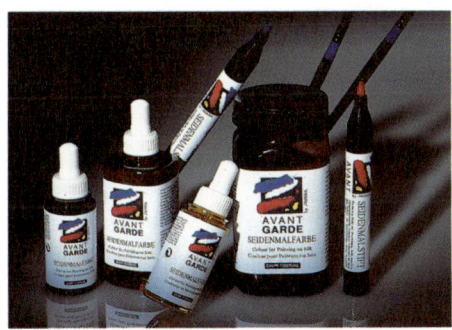

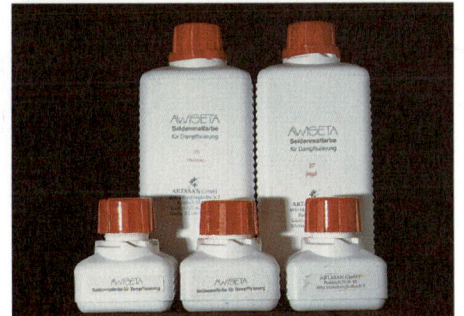

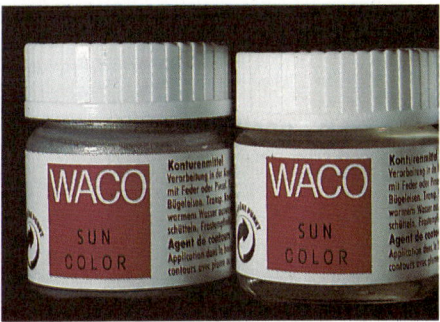

Konturenmaler

Zarte Konturen, die gleichmäßig und haltbar sind, gelingen am besten mit einem extra für diese Zwecke entwickelten Konturenmaler, der im Fachhandel erhältlich ist. Sie können aber auch den feinsten Jaxhairpinsel Nr. 0/2 dafür verwenden.

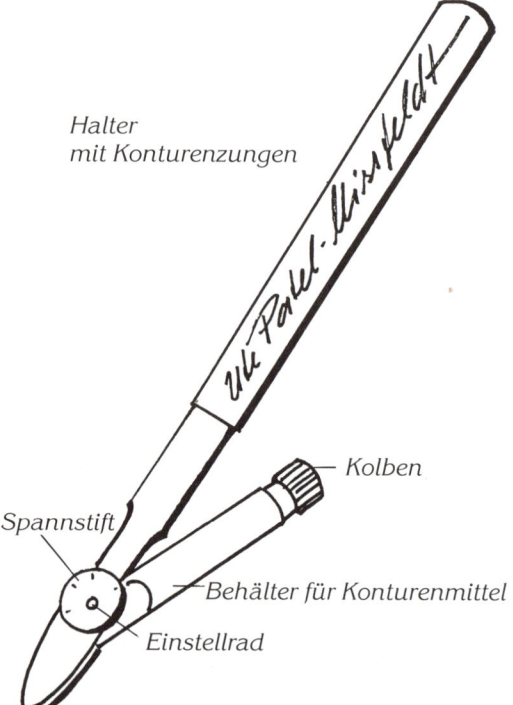

Halter mit Konturenzungen

Spannstift

Kolben

Behälter für Konturenmittel

Einstellrad

Ein Grundsortiment an Pinseln besteht aus den Größen 0/2, 2, 5, 8, 14 und 30. Außerdem benötigen Sie einen kleinen, alten Pinsel zum Anrühren der Konturenfarbe.

Was Sie sonst noch brauchen:

● einen Zeichenblock oder nur Papier sowie einen Bleistift der Stärke HB oder B zum Anfertigen und Übertragen der Vorlage auf die Seide,
● wenn Sie in der von mir bevorzugten Maltechnik arbeiten wollen eine quadratische Glasplatte von 70 – 95 cm Seitenlänge oder einen stufenlos verstellbaren Spannrahmen zum Aufkleben bzw. Aufziehen der Seide
● Klebeband Tesakrepp Nr. 4304 oder 4318
● viereckige, plastikbeschichtete Pappteller zum Mischen der Farben
● 50 – 70%igen (Isopropanol-) Alkohol aus der Apotheke zum Anlösen, Mischen und Verdünnen der Farbe
● mehrere Wasserbecher, ein kleines Gefäß für den Alkohol (Metallhülsen von Teelichtern, Marmela-

dengläschen mit Schraubdeckeln u.ä.), ein Gefäß für die Goldfarbe (Sahnetöpfchen o.ä.)
● evtl. Seidenreste/Papier zum Ausprobieren der Farben
● Papiertaschentücher zum Aufnehmen überschüssiger Farbe

Pinsel

Besorgen Sie sich spezielle, rund gebundene Seidenmalpinsel und hochwertige (Aquarell-)Pinsel mit feiner Spitze. Gute Erfahrungen habe ich mit Jaxhair-Pinseln gemacht. Rotmarder-Pinsel sind zu weich, und Kunsthaar-Pinsel fransen entweder leicht aus, oder die Spitze verbiegt sich. Der Jaxhair-Pinsel dagegen behält seine Form über Jahre hinweg.

So wird's gemacht

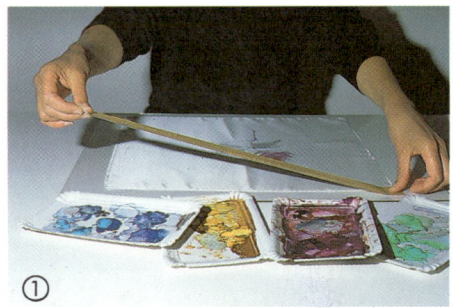

Ein Stückchen Klebebandstreifen an einer Ecke festkleben, halb auf die Seide, halb auf die Glasplatte.

Mit der linken Hand die Seide nach rechts ziehen, mit der rechten Hand die Seide festkleben.

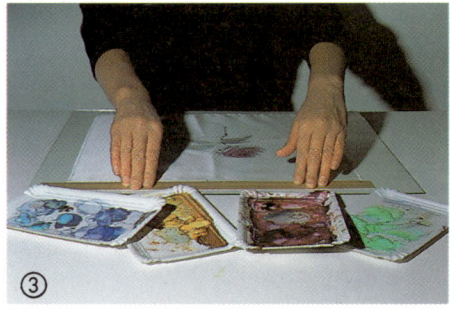

Gut und fest andrücken.

Den gleichen Vorgang unten wiederholen, aber nur den Klebestreifen, der auf der Seide klebt, gut feststreichen.

Die Seide wird jetzt wieder hochgenommen und Zentimeter für Zentimeter nach links und rechts heruntergezogen und festgeklebt.

Klebeband auf die Seide und Glasplatte kleben.

Vorgang wie vorher, Seide wieder hochziehen und zur Seite spannen.

Seide aufspannen

Entweder Sie spannen Sie Ihre Seide auf einen Rahmen auf oder Sie verwenden wie ich eine einfache Glasplatte, auf die ich die Seide mit Tesa-Krepp aufklebe. Auf diese Weise können Sie einen vorher auf Papier gezeichneten Entwurf mühelos unter die Seide legen und problemlos im Sitzen arbeiten.

Übertragen von Vorlagen

Schieben Sie Ihre Vorlage unter die Seide, die dann auf allen vier Seiten fest mit der Glasplatte verklebt wird. Übertragen Sie die Vorlage mit Bleistift auf Ihre Seide, entfernen sie anschließend und kleben die Seide wieder an.

Konturen auftragen

Ziehen Sie jetzt die Vorzeichnung mit dem Konturenmaler oder einem feinen Jaxhair-Pinsel und Konturenfarbe nach. Arbeiten Sie langsam und ohne Druck. Nur wenn die Farbe sehr dünn ist, sollten Sie schnell arbeiten. Mit dem Konturenmaler können Sie auch am Lineal entlang Linien ziehen.

 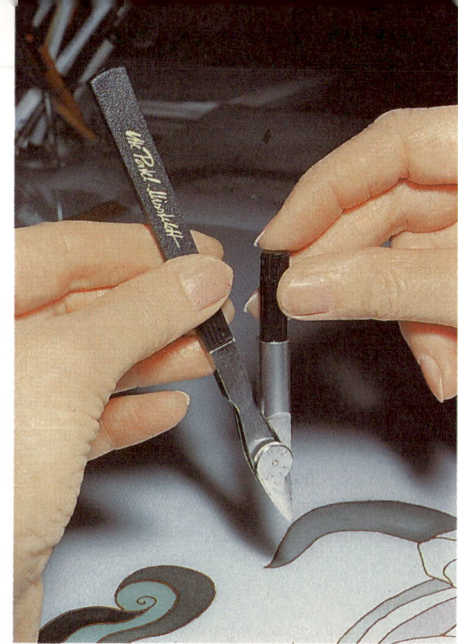

So handhaben Sie den Konturenmaler:

1. Das Einfüllen der Farbe: Drehen Sie das Rädchen am Konturenmaler ganz auf, und gießen Sie die Konturenfarbe in den Behälter, der sich am Konturenmaler befindet. Wenn er 3/4 voll ist, kann man am saubersten weiterarbeiten.

2. Mit dem dazugehörigen Stöpsel drücken Sie ganz sanft die Farbe durch den Fließkanal zwischen die aufgedrehten Metallzungen. Arbeiten Sie sauber, es sollte keine Farbe am Farbbehälter entlang laufen. Legen Sie den Stöpsel ins Wasser, reinigen können Sie ihn später. Auf jeden Fall müssen Sie ihn entfernen, es entsteht sonst ein Vakuum.

7. Ausgerechnet beim Konturenmalen klingelt das Telefon. Kein Problem! Ich stelle den Konturenmaler in ein kleines Glas, in dem ein feuchtes Papiertaschentuch liegt, damit die Farbe im Konturenmaler nicht eintrocknen kann. Danach evtl. Farbe nachfüllen, die Spitze des Konturenmalers sauber wischen – und weiter geht's.

6. Hier habe ich schon einmal einen Teil des Motivs mit Seidenmalfarbe ausgemalt. Ganz gleich wie fein die Konturen sind, die Farbe wird angehalten. Selbst wenn Sie Wasser in die Felder setzen, die Kontur hält.

 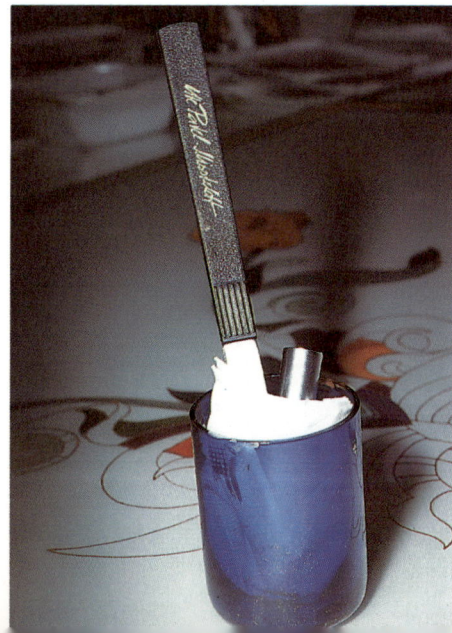

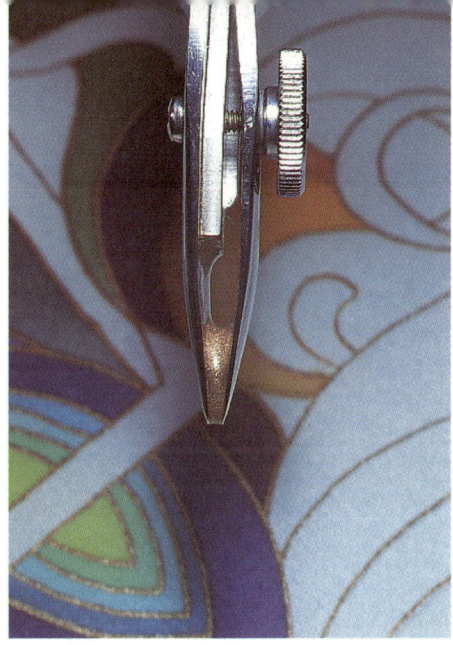

3. So sollte es nun aussehen. Die Farbe ist bis zur Spitze geflossen und läuft jetzt ganz langsam von alleine nach. Drehen Sie jetzt die Metallzungen bis auf einen winzigen Spalt zusammen. Ist der Spalt zu weit geöffnet, malt der Konturenmaler nicht. Probieren Sie auf dem Klebestreifen der schon aufgespannten Seide aus, ob die Farbe nachläuft. Keinen Druck ausüben! Ist die Strichbreite zu zart, das Rädchen ein wenig aufdrehen.

4. Jetzt können Sie mit dem Konturieren beginnen. Arbeiten Sie langsam und ohne Druck. Nur wenn die Farbe sehr dünn ist, müssen Sie schnell arbeiten. Halten Sie den Konturenmaler bitte nicht zu schräg. Die Richtung, in der Sie den Konturenmaler bewegen, ist Ihnen überlassen. Er malt rückwärts, seitwärts, vorwärts oder schräg auf einer Kante. Ob gerade oder geschwungene Linien – der Konturenmaler malt perfekt und haltbar, vorausgesetzt die Konsistenz der Farbe stimmt.

5. Auch am Lineal entlang können Sie nun Konturen ziehen. Beim Hochnehmen des Lineals müssen Sie aufpassen, daß Sie die noch nasse Kontur nicht verschmieren. Da die Kontur jedoch sehr fein ist, ist die Trocknungszeit recht kurz.

8. Jetzt sind alle Konturen gezogen, und es geht Ihnen wie mir: Ich bin zu faul, das Gerät sofort zu reinigen. In diesem Fall stelle ich den Konturenmaler einfach in ein Glas mit Wasser. Er rostet nicht, es kann ihm also nichts passieren. Nur die Spitze ist etwas empfindlich, stellen Sie ihn also entweder auf ein am Boden des Glases liegendes Papier, oder stellen Sie ihn ganz

sanft in das Glas. Die Spitze ist handgeschliffen und darf keine scharfen Kanten bekommen, sonst wird die Seide beschädigt.

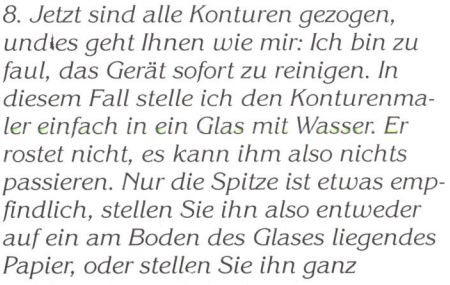

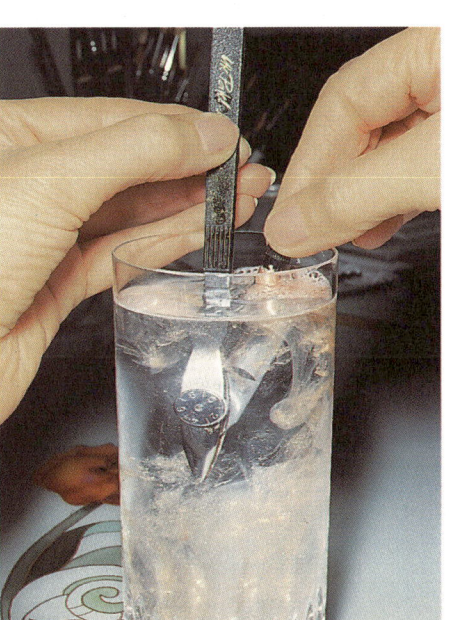

9. Reinigen Sie den Konturenmaler so, wie Sie es auf diesem Bild sehen. Konturenmaler ins Wasser tauchen, das Wasser mit dem Stöpsel durchdrücken. Nun fließt die Farbe mit dem Wasser durch den Kanal. Mehrmals wiederholen, Feder abtrocknen, zur Kontrolle noch einmal durchpusten. Wenn der Fließkanal sauber ist, können Sie jetzt durchschauen. Sollte er einmal verstopft sein, nehmen Sie eine aufgebogene Büroklammer und durchstoßen damit den Fließkanal.

Farbflächen einsetzen

Ist die Kontur getrocknet, beginnen Sie zügig mit dem Ausmalen. Die Farbe darf nicht antrocknen, bevor eine Farbfläche völlig ausgefüllt ist, sonst gibt es beim Weitermalen Ränder.

Die peinlich genau gezogene Kontur verhindert dabei das Ausfließen der Farbe. Sollte dennoch einmal Farbe überlaufen, können Sie sie mit dem Papiertaschentuch aufnehmen.

Verläufe erzielen

Um Verläufe innerhalb einer Farbe herzustellen, gibt es mehrere Möglichkeiten: Entweder Sie tauchen den Pinsel in Alkohol, lösen eine große Menge angetrockneter Farbe vom Pappteller auf und setzen die Farbe dort auf die Seide, wo es am dunkelsten sein soll. Dann nehmen Sie, ohne den Pinsel auszuwaschen, nur noch Alkohol ohne Farbe auf. Oder Sie setzen Farbflecken nebeneinander, geben dann mit sauberem Pinsel Wasser darauf und trocknen mit einem Papiertuch ab. Die Farben fließen nun langsam ineinander, und es entstehen weiche Übergänge. Eine dritte Möglichkeit besteht darin, wie bei einem Aquarell zuerst die hellen und dann die dunkleren Farbflächen aufzutragen. Hierfür ist rasches Arbeiten und etwas Können erforderlich.

Größere Flächen anlegen

Beim Anlegen größerer Farbflächen verwenden Sie einen dicken Pinsel, den Sie mit viel Farbe tränken. Arbeiten Sie zügig, damit die Farbe nicht antrocknet und keine Ränder entstehen. Sollte Ihre Glasplatte zu klein sein und Sie müssen die Seide zum Weitermalen versetzen, ergibt sich am Ende der Platte automatisch ein Rand. Um das zu verhindern, können Sie bereits vorher an dieser Stelle eine Konturenlinie in der entsprechenden Farbe setzen, die einen randlosen Übergang zwischen beiden Flächen schafft.

Goldflächen malen

Zunächst rühren Sie in einem kleinen Gefäß, z.B. einer Teelichthülse, die Goldfarbe an. Etwa 1/4 dieses Gefäßes füllen Sie mit Javana-Konturenfarbe Ihrer Wahl, dazu kommen mehrere Pinsel voll Bronzepulver hellgold oder dunkelgold. Dieses zu einem dicken Brei verrühren und anschließend mit einem alten Pinsel Wasser hinzufügen, bis in etwa die Konsistenz von dickem Honig erreicht ist. Dann malt man mit einem kleinen Pinsel bis höchstens Nr.3 die Goldflächen aus.

Ansetzen von Goldfarbe:
1. In ein kleines Gefäß fülle ich 2 – 3 Tropfen Javana-Konturenfarbe. Danach das Glas wieder gut verschließen.

2. Mit einem alten ausgedienten Pinsel Goldpulver hinzufügen, ca. auch 2 – 3 Pinsel voll.

Seidenmalereien fixieren, pflegen und rahmen

3. Beides zusammenrühren, bis eine cremige Masse entstanden ist.

4. Jetzt ist wieder mit dem Pinsel Wasser hinzugefügt worden, gut verrühren, und Sie müßten nun eine gut zu malende schöne Goldfarbe haben.

Jede Seidenmalerei mit dampffixierbaren Farben muß abschließend fixiert werden, weil dadurch Beschädigungen ausgeschlossen werden und die Farben erst richtig zu leuchten beginnen.
Die bemalte Seide wird auf zwei Lagen weißes Seidenpapier gelegt und glattgestrichen. Vermeiden Sie unbedingt Faltenbildung! Auf die Seidenmalerei erneut zwei Lagen

Dampffixieren im Topf *(weiter S. 96)*

Seidenmalerei

2 Bögen Seidenpapier

Seidenpapier legen und das Ganze dann vorsichtig zu einer Rolle zusammenrollen. Die bemalte Seide darf dabei nicht aneinanderliegen. Den Schnellkochtopf bis 1 1/2 cm unter das Sieb mit Wasser füllen und die Rolle in den gelochten Einsatz legen. Die Seide darf nicht mit Wasser in Berührung kommen. Dann den Topf schließen und bei offenem oder entferntem Ventil

Das ist die zweite Seidenmalerei. Zwischen die Seidentücher zwei Bögen Seidenpapier. Darüber wieder zwei Lagen Seidenpapier.

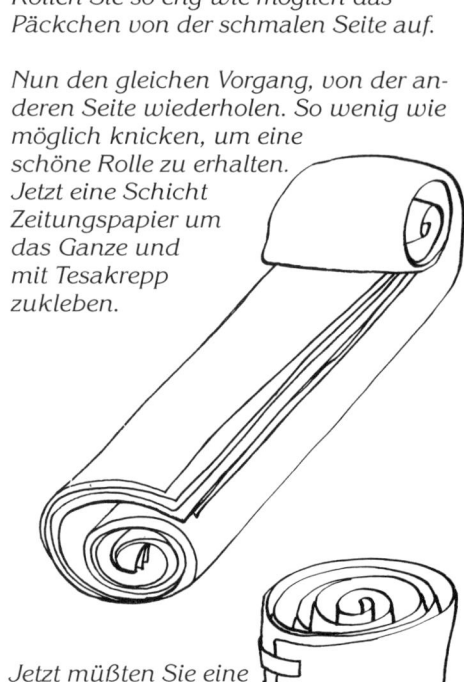

Rollen Sie so eng wie möglich das Päckchen von der schmalen Seite auf.

Nun den gleichen Vorgang, von der anderen Seite wiederholen. So wenig wie möglich knicken, um eine schöne Rolle zu erhalten. Jetzt eine Schicht Zeitungspapier um das Ganze und mit Tesakrepp zukleben.

schnell erhitzen. Auf diese Weise ca. 1 Stunde kochen lassen. Bei Bedarf Wasser nachfüllen. Erst wenn das Papier abgekühlt ist, die Seidenmalerei auswickeln. Mit dem Fixiergerät Seide zwischen Papier um eine Papprolle rollen, dann allerdings bis zu 4 Stunden fixieren. Lassen Sie die fixierte Seide ein paar Tage liegen. Dann so lange in kaltem Essigwasser ausspülen, bis die Farben nicht mehr »ausbluten«.

So bemalte und fixierte Seide können Sie reinigen lassen, sollten vorher allerdings anhand eines Probestücks erst einen »Test« durchführen. Nicht bei jeder Reinigung bleibt nämlich z.B. das Gold erhalten. Waschen dagegen ist problemlos.

Jetzt müßten Sie eine solche Rolle haben.

Ventil entfernen

Seidenmalerei

Untertasse

Siebeinsatz

Wasser

Unten: Dampffixiergerät, in dem Sie große Mengen Seide fixieren können. Auf eine Papprolle die bemalte Seide wickeln, wobei Sie die Malerei mit Makulaturpapier schützen, das Sie zwischen die Seidentücher legen. Dieses Gerät ist in zwei Größen erhältlich, für 90 cm und 140 cm breite Seide. Ich würde Ihnen zum größeren Gerät raten. Vielleicht wollen Sie eines Tages große Seidenstücke bemalen.

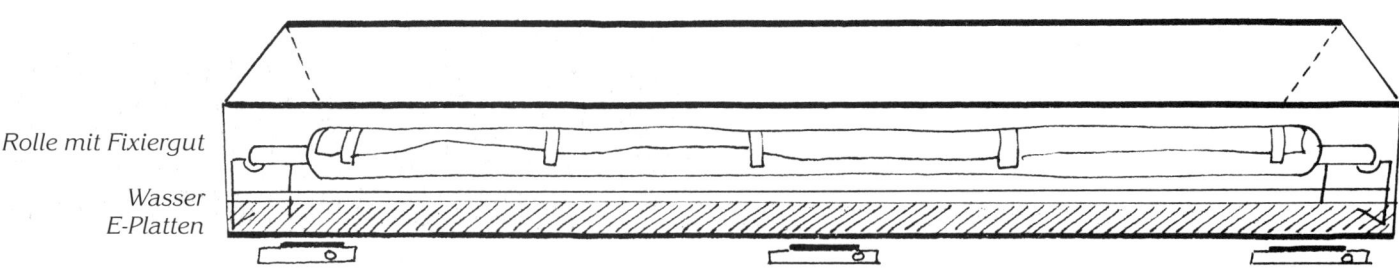

Rolle mit Fixiergut

Wasser
E-Platten

Wollen Sie eine Seidenmalerei als Bild rahmen, kleben Sie sie auf eine dünne Schaumstoffplatte, die mit weißer Pappe kaschiert ist. Spannen Sie das Bild mit Klebestreifen wie auf der Glasplatte auf. Als zusätzliche Sicherung können Sie Seide und Klebestreifen auf der Pappe antackern. Legen Sie das passend zugeschnittene Passepartout darauf und alles in den Rahmen. Wenn Sie kein Passepartout verwenden wollen, spannen Sie die Seide über die Pappe hinweg nach hinten und kleben sie dort fest.

*Bespannung bei Bildern
ohne Passepartout*

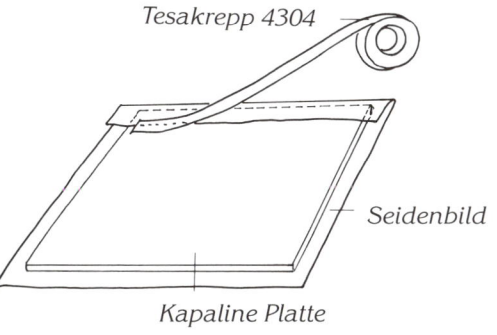

Tesakrepp 4304

Seidenbild

Kapaline Platte

*Klebstoff auf das Klebeband und
darauf das Passepartout*

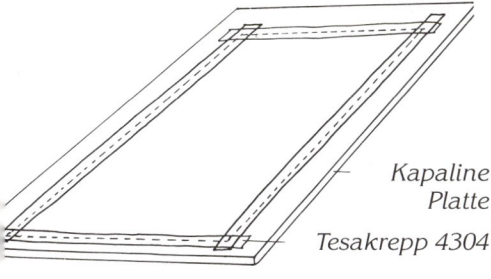

*Kapaline
Platte*

Tesakrepp 4304

Die Vorlage für dieses Kissen finden Sie auf Seite 123.

Ornamental gemalte »Vase mit Blumen«

Diese Ornamente wurden auf Satin gemalt. Der Glanz der Satin-Seide und die Leuchtkraft der Farben sind einmalig.

Das Kissen mit den Stiefmütterchen in Gelb auf weißer Pongé 8 habe ich ganz ohne Konturen entstehen lassen. In der Aquarelltechnik die Farben fließen lassen.

Als Kontrast zu oben hier Stiefmütterchen klar, graphisch als Ornament in Gold angeordnet. Nebeneinander liegend wirken sie sehr schön.

Dann ein Kissen mit schönen leuchtend bunten Farben. Um eine Ausgangsform habe ich viele Linien gezogen und mit verschiedensten Farben ausgefüllt. Der schwarze Hintergrund wurde zuletzt gemalt. Vorlage auf Seite 124.

99

Bezug
für Jugendstil-Stühle

Auch Möbelstücke können Sie sehr
schön mit von Ihnen bemalter
Seide bespannen lassen. Diesen
Stuhl habe ich mit grauer Liaoning-
Pongé-Seide bespannen lassen.
Den Stoff bemalte ich vor dem
Bespannen mit einem zum Dessin
des Stuhls passenden Muster. Die
Liaoning-Pongé-Seide ist wie die
Doupion-Seide in der Struktur
unregelmäßig. Das bedeutet, es
gibt dickere und dünnere Fäden.
Sie ist deshalb ein wenig schwerer
zu konturieren. Sorgfältigste Linien
ziehen oder frei malen ohne Kon-
turen ist die Konsequenz.

Paravent mit Ornamenten
auf der Seidenbespannung

Zufällig konnte ich dieses schöne
zarte Paraventgestell erstehen, und
es bot sich geradezu an, mit Seide
bespannt zu werden. Zunächst
Entwurf auf Papier in der Form des
Paravents. Dann habe ich je zwei
gleiche Felder auf Pongé 8 bemalt
und die Seide mit kleinen Nägeln
über den Holzrahmen gespannt.

Dekor für Ostern und Weihnachten

Die Advents- und Osterzeit bietet tausendundeinen Anlaß zum Seidenmalen. Zaubern Sie weihnachtliches Flair mit einem originellen Adventskalender und selbstgemaltem Christbaumschmuck. Und wenn's zu Ostern schneit: Die zarte Frühlings-Tischdecke von Ute Patel Missfeldt verbreitet selbst an trüben Apriltagen sonnige Stimmung.

Osterdecke mit Vasenschirm

Hätten Sie nicht einmal Spaß, sich zu einem Fest eine passende Dekke zu malen, eventuell mit Vase? Hier meine Decke zu Ostern. Sie schneiden sich eine Schablone in Eierform aus Pappe und zeichnen sie verteilt auf Ihre Seide für eine Tischdecke. Frei und ohne Schablone werden Muster hineingezeichnet, konturiert und ausgemalt. Mit jedem Osterei wächst die Phantasie für ein neues Muster, es macht unglaublichen Spaß. Wenn Sie noch etwas ganz Ausgefallenes machen möchten, dann könnten Sie sich passend eine Vase basteln. Die Vorlage dazu finden Sie nachfolgend. Decke und Vasenbespannung aus Pongé 8.

Vorlage für Ostereiervase

←—— 20 cm ——→

104

Ein kleiner Schirm für eine Tischvase

Ein Vorschlag für einen höchst eigenwillig gestalteten Ostertisch: Fertigen Sie sich doch einen kleinen Schirm an, der mit einer jahreszeitlich passenden Seidenmalerei aus Ihrer Hand bespannt ist und hinter dem Sie ein einfaches Glas zur Aufnahme Ihres festlichen Blumenschmucks verbergen können. Eine Vorlage zur ornamentalen Gestaltung mit österlichen Motiven für diesen »Vasenschirm« finden Sie unten und auf den folgenden Seiten.

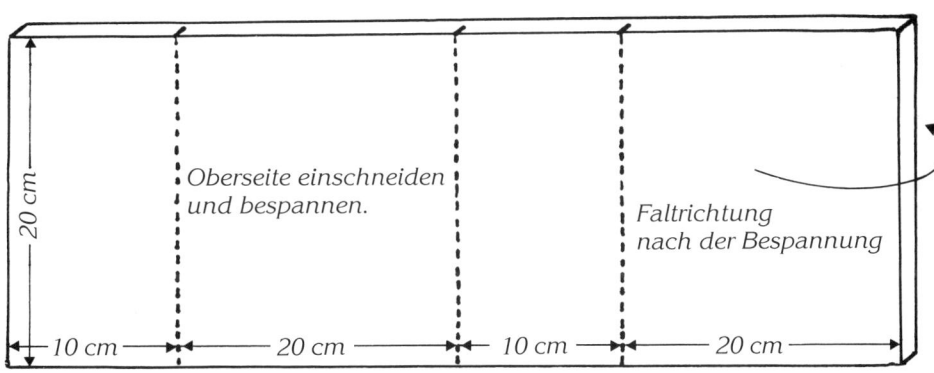

Die Pappe auf den gestrichelten Linien einritzen, so ist die Vase faltbar.

Bauanleitung des Vasenschirms

Erster Schritt: Aufspannen der Seide

Sie haben Ihre Seidenmalerei vollendet, die Seide ist bemalt und dampffixiert. Schneiden Sie dicke, weiße Pappe den Angaben entsprechend zu, legen Sie sie flach auf den Tisch und die Seide so darüber, daß die einzelnen Felder der Seide auf den gleich großen Feldern der Pappe liegen.

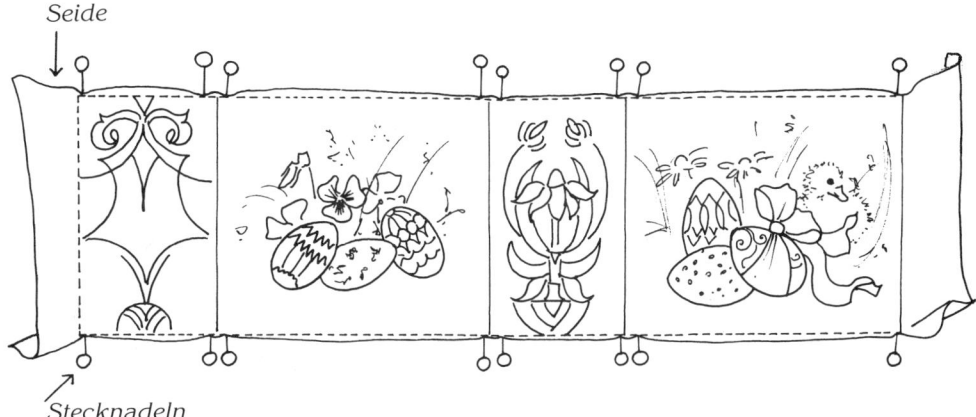

Die Seide spannen Sie jetzt auf, indem Sie Stecknadeln durch die Seide hindurchstechen und sie in die obere und untere Kante der Pappe stecken. Die Stecknadeln sollten links und rechts neben die Faltlinien gesteckt werden. Damit verhindern Sie, daß Ihnen die Malerei von den Feldern rutscht. Die Malereien sollten möglichst genau angeordnet werden.

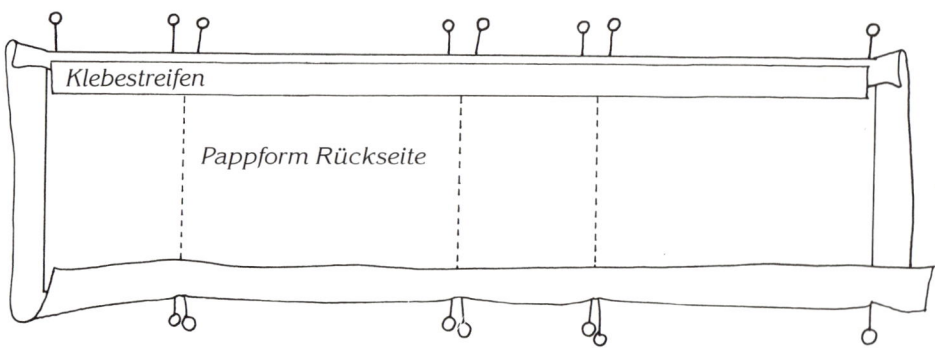

Die Seide mit dem Klebeband 4304 über die Pappform kleben.

Zweiter Schritt: Befestigen der Seide auf der Rückseite des Schirms

Die Seide ist nun mit den Stecknadeln auf der Pappe befestigt, und Sie drehen jetzt den ganzen Schrim um. Die Malerei liegt nun mit dem Gesicht auf dem Tisch und vor Ihnen die Rückseite des Pappschirms. Die Seide wird jetzt oben und unten umgeschlagen und auf dem Pappschirm mit Tesaband festgeklebt. Es ist sehr sorgsam und sauber zu arbeiten, damit sich keine Falten bilden.

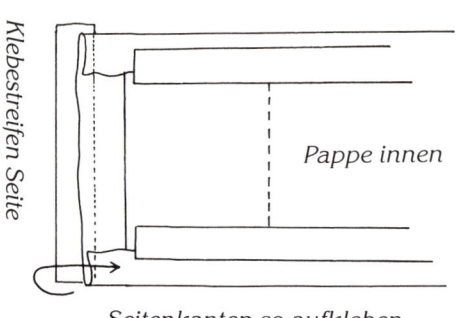

Seitenkanten so aufkleben

Dritter Schritt: Das Falten und Aufstellen des bespannten Vasenschirms

Die Seide ist jetzt auf die Pappform aufgezogen, und es ist nun einfach, die Pappe in ihre endgültige Form zu knicken. Jetzt zusammenfügen und mit Stecknadeln zusammenstecken. Ich klebe die Kanten bewußt nicht zusammen, weil man bei dieser Art des Aufspannens und Zusammenfügens die Seide jederzeit wieder abziehen kann. Sei es, um sie waschen zu können, oder sei es, um ein neues Motiv aufzuspannen.

In die Hülle Ihres Vasenschirms stellen Sie jetzt ein Glas mit Wasser. Es sollte möglichst nicht über den Rand hinausragen. Und arrangieren Sie Ihre Blumen.

Runde Vasenschirme sind natürlich auch möglich. Eine Papprolle ist im Schreibwarenhandel bestimmt leicht zu bekommen.

Sie ernten bei Ihren Gästen sicherlich erstaunte Gesichter, wenn Sie Ihren Tisch der Jahreszeit entsprechend mit Weihnachts-, Oster- oder neutralen Motiven auf Vasenschirmen, Tischdecke und Servietten schmücken.

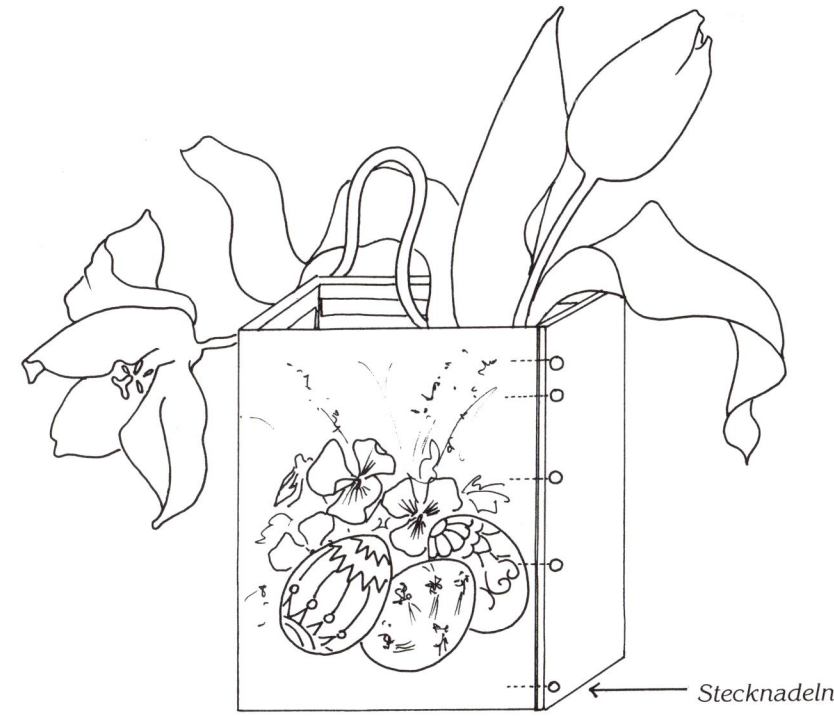

Stecknadeln

Motive für Ostern

Diese Ostereier sind auch zauberhaft auf Grußkarten, Tischbändern, Sets und vielen Seidenrohlingen.

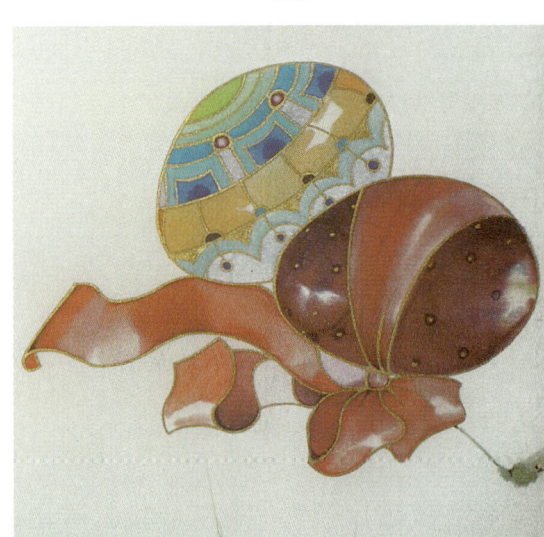

109

Adventskalender »Christbaum«

Wenn Sie diese Abbildung mit Transparentpapier durchpausen und anschließend mit dem Fotokopierer vergrößern, bekommen Sie eine genaue Vorlage.

Idee:
Die paillettenartig glitzernden Fun-Konturlinien und die Glitterfarben eignen sich für weihnachtliche Motive.

Material und Werkzeug:
Weißer Baumwollbatist oder Seide 58 x 80 cm, Nähgarn, Rundholzstab 5 mm Durchmesser (60 cm lang), grobmaschige Zierborte dunkelgrün (60 cm lang), farbiges Bindegarn, Klebenummern, Farben (Silk: Gelb, Orange, Ultramarin, Türkisgrün verdünnt, Grün, Tiefgrün; Fun: Sonnenschein, Blütentraum, Feuerball, Kaminzauber, Südsee, Laubfrosch, Herbstlaub; Glitter: Silber, Kupfer, Goldgelb, Pink, Rot, Blau, Hellgrün), Spannrahmen, Markierungsnadeln, Nähnadel oder Nähmaschine, Stoffschere, Haushaltsschere, Sublimatstift, Verwaschpinsel, Flachpinsel

So wird's gemacht:
Baumwollstoff durch Waschen von Appretur befreien, per Maschine oder Hand Seitenkanten einsäumen, Oberkante zu einem ca. 3 cm breiten Durchzug für den Rundholzstab umnähen, untere Stoffkante zunächst belassen.

Motiv mit Sublimatstift auf Stoff skizzieren. Stoff auf Rahmen spannen, Motive mit Fun sorgfältig, gleichmäßig und geschlossen nachzeichnen, vorher auf Zeitungspapier Strichansätze üben, notfalls überschüssige Farbmasse an den Ansätzen oder beim Zusammentreffen mehrerer Linien mit dem Flachpinsel abheben, gut trocknen lassen. Baumschmuck, Kerzen, Sterne und Bodenstreifen mit Glitter gleichmäßig bemalen, dann Kerzenscheine, Baumgrün, Bodengrün, den ultramarinblauen Himmel und das türkisgrüne (verdünnt) Engelshaar mit Silk ausmalen.

Untere Bildkante nach vorne umbügeln (Pergamentpapier!), die Borte darübernähen, Briefchen falten (Anleitung siehe unten), mit Wort und Bild nach Belieben ausstatten, mit Klebenummern gleichzeitig Bindegarn festkleben, Briefchen in die Borte einbinden, Stab durch den Durchzug stecken.

Mein Verwendungsvorschlag: Mit Briefchen als Adventskalender, ohne Briefchen (und Borte) als Wandschmuck oder Christbaumersatz fürs Kinderzimmer.

So werden die Briefchen gefaltet

Material und Werkzeug:
Farbiges Offsetpapier, Haushaltsschere

So wird's gemacht:
Offsetpapier in postkartengroße Rechtecke zerschneiden, längere Seite unterhalb der Mitte falzen, hochklappen, überstehenden Rest zu Lasche spitz zuschneiden und umbiegen (siehe auch Seite 75).

> **Tip:** Auch eine hübsche Idee für Grußkarten aller Art!

◄ *Hier wurde die Baumwolle oder Seide während des Malvorgangs mit Silk eingefärbt.*

Wie die Briefchen gefaltet werden, lesen Sie ausführlich auf Seite 75.

Stimmungsvoller Christbaumschmuck

Seidenrohlinge wie diese von den Bildchen bekommen Sie im Bastelhandel. Sicher fallen Ihnen noch viel mehr Motive ein – nicht nur für Weihnachten!

Weihnachtsscheiben »Fatschenkind«

Vorlage bitte mit Transparentpapier vom Foto abpausen.

»Ochs und Esel an der Krippe«

Vorlage Seite 126

»Die Hl. Drei Könige«

Vorlage Seite 126

Idee:
Weihnachtlicher Baum- und Wandschmuck einmal anders ...

Material und Werkzeug:
Runde Seidenbilder fertig genäht mit 15 cm Durchmesser, Farben (Silk: nach Belieben, Vorschlag: Flamingo und Lachs als Gesichtsfarben; Gutta im Fläschchen: nach Belieben; Glitter: nach Belieben, Vorschlag: Goldgelb für die Roll-Technik), finnische Holzpappe, Markierungsnadeln, Rundstab mit 10 mm Durchmesser, Kohlepapier, Rundpinsel, Verwaschpinsel, Flachpinsel

So wird's gemacht:
Vorlagen mit Kohlepapier übertragen, Scheiben auf Pappe feststecken, mit Gutta Motive nachzeichnen, mit Silk und Glitter Flächen bemalen, mit Roll-Technik weihnachtliches Flair darüberlegen.

Mein Verwendungsvorschlag: Baumschmuck, Wandschmuck, Fensterdekoration, Geschenke

Unter dem aufgerollten Glitter sitzt eine sorgfältig ausgeführte Malerei.

Der aufgerollte Glitter verstärkt die weihnachtliche Stimmung.

Die Hl. Drei Könige sind mit Farbgutta und Silk gemalt, bevor sparsam Glitter darübergelegt wurde.

Weihnachtsdekoration »Schafe«

Vorlage Seite 114

»Lichterbaum« und »Baumschmuck«

Vorlage bitte vom Foto abpausen.

Material und Werkzeug:
Rundes Seidenbild fertig genäht mit 12 cm Durchmesser und Seidentropfen (oder Seidenei) 11 cm hoch fertig genäht, Farben (Silk: nach Belieben, Vorschlag: Sand für die Schafe; Gutta im Fläschchen: nach Belieben; Glitter: Goldgelb), finnische Holzpappe, Markierungsnadeln, Kohlepapier, Rundholzstab mit 10 mm Durchmesser, Verwaschpinsel, Rundpinsel, Sublimatstift

So wird's gemacht:
Vorlage mit Kohlepapier übertragen oder eigene Entwürfe mit Sublimatstift aufzeichnen, Seidenobjekte auf Pappe feststecken, Motive mit Gutta nachzeichnen, Flächen mit Silk bemalen, Kerzenschein-Pünktchen mit Gutta aufsetzen, weihnachtlichen Glanz mit Goldgelb-Glitter darüberrollen.

Mein Verwendungsvorschlag: Geschenkanhänger, Baum- und Gesteckschmuck, Geschenke für den Briefumschlag

Die Schafe sind ein eher seltenes, der Christbaum ein häufiges Motiv.

Seidener Baumschmuck – mal etwas anderes!

Weihnachtsglocken »Dreiklang«

Material und Werkzeug:
Weihnachtsglocken aus Seide fertig genäht in 7, 9, 5 und 13 cm Höhe (flache Form), Farben (Silk: nach Belieben; Gutta im Fläschchen: nach Belieben; Metallic: Blau; Glitter: Goldgelb), finnische Holzpappe, Markierungsnadeln, Kohlepapier, Kugelschreiber, Rundholzstab mit 10 mm Durchmesser, Verwaschpinsel, Rundpinsel

So wird's gemacht:
Glocken auf Pappe feststecken, mit Gutta Glockenform ornamental herausarbeiten, Flächen mit Silk und teilweise mit Metallic-Blau bemalen, Goldglitter darübertupfen.

Mein Verwendungsvorschlag: Geschenkanhänger, Baum- und Gesteckschmuck

Hier sind der Phantasie keine Grenzen gesetzt.

Briefkarten

In Bastel- und Papiergeschäften finden Sie eine große Auswahl an Passepartout-Karten mit passenden Kuverts. Diese hübschen Grüße sind im Handumdrehen gemalt- und tausendmal schöner als gekaufte Karten!

Material und Werkzeug:
Diverse Seidenreste, Briefkarten, Alleskleber, Schere.

Technik:
Kiwi-Technik und Ornament-Technik (siehe Seite 53f.).

Osterkarten in Kiwi- und Ornament-Technik verbreiten eine frühlingshafte Stimmung.
Blumen in eben diesen Techniken sind für Glückwünsche immer richtig und Weihnachtskarten kommt der Glanzeffekt der Silbergutta zugute. Auf farbiger Seide wirkt Silbergutta wie Schnee.

26,2 cm

24,5 cm

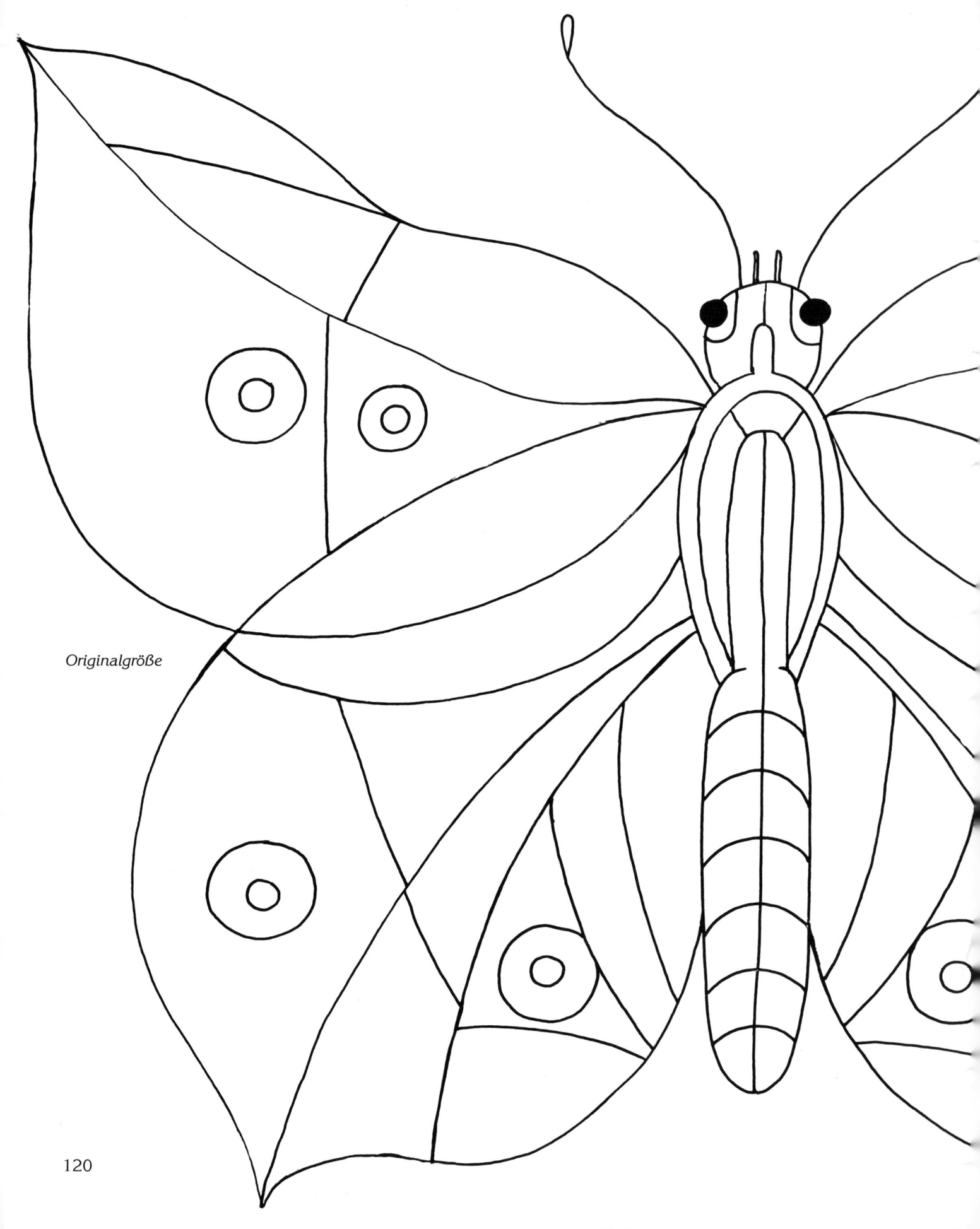

Originalgröße

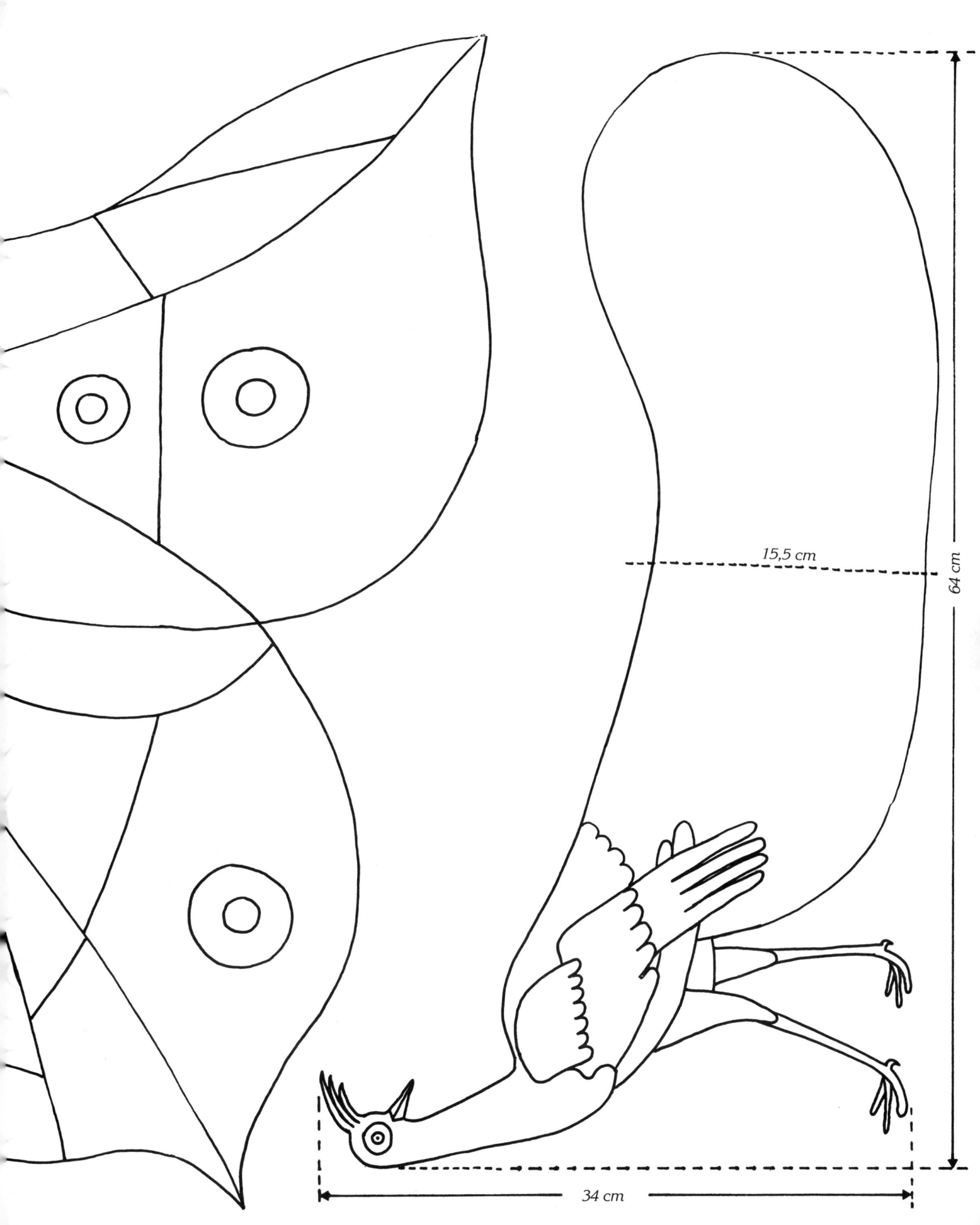

15,5 cm

64 cm

34 cm

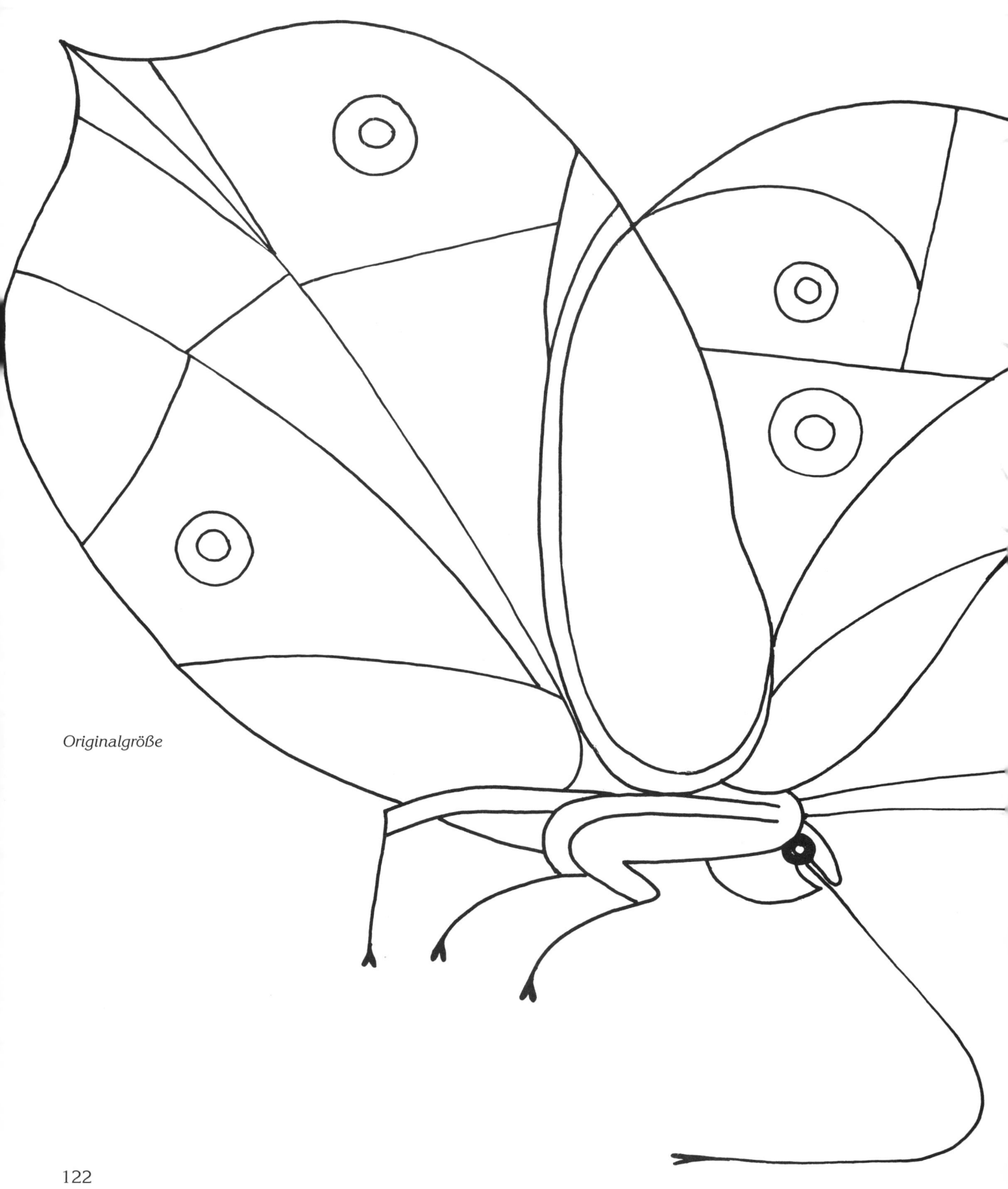

Originalgröße

19,5 cm

18,5 cm

14 cm

6,8 cm

8 cm

13 cm

Register

Die Deutsche Bibliothek – CIP-Einheits-
aufnahme
Das große Buch der Seidenmalerei/
Eva-Maria Kuß. –
Augsburg: Augustus-Verl., 1996
ISBN 3-8043-0402-8

Werknachweis:
In diesem Band sind Auszüge aus folgenden
Augustus-Büchern enthalten:

Marianne Heller-Seitz: Neue Ideen für das
Malen auf Seide
Marianne Heller-Seitz, Stoffmalerei mit Glanz
und Glitter
Eva-Maria Kuß (Hrsg.): Seidenmalerei –
Ateliergeheimnisse
Ute Patel-Missfeldt: Florale Seidenmalerei
Ute Patel-Missfeldt: Ornamentale Seidenmalerei
Monika-Solveig Rewald: Seidenmalerei auf
Strandmoden und Dessous

Fotonachweis:
Dr. V. J. Patel: Seite 4, 14, 86-109
Klaus Lipa: Seite 2f.
Alle anderen: Annette Hempfling, München.

Layout: Anton Walter, Gundelfingen

AUGUSTUS VERLAG AUGSBURG 1996
© Weltbild Verlag GmbH, Augsburg
Satz: 10 Punkt Korinna Regular
bei Walter Werbegrafik, Gundelfingen
Druck und Bindung: Danubia Print,
Printed in the Slovak Republic

Gedruckt auf 120 g umweltfreundlich
elementar chlorfrei gebleichtes Papier.
ISBN 3-8043-0402-8